Groß & FETT

Die eine kocht, die andere isst

MARIA GROß
&
ELENA UHLIG

ZS

Inhalt

Elena Uhlig und Maria Groß sind das perfekte Team, wenn es um kochen, lachen und genießen geht. Also: Herd an, Pfannen raus und los geht die große und fette Brutzelei!

PODCAST ORIGINAL-REZEPTE

„UND, WARUM SIND WIR GROSS & FETT?
WEIL DU MARIA GROSS BIST UND WIR BEIDE …“
„UND FETT IST EIN GESCHMACKSTRÄGER.“

„... GUT AUSSEHEN."
Schön-dass DU
da bist ...

MARIA

Vorname:
Maria

Nachname:
Groß

Geburtsort:
Sommerda (da, wo die größten Kartoffeln wachsen)

Beruf:
Genussbotschafterin klingt zu geschwollen, Foodmakerin ist zu hauptstadtmäßig. Vielleicht Trägerin des guten Geschmacks – oder einfach Köchin.

Alter:
Am Montag ist man in der Gastro immer alt.

Handschuhgröße:
Immer XL, Spanne und Breite passen, nur vorne nicht, weil kleine fette Hände. Hätte gerne andere, hat aber nur die, kleine dicke Arbeiterhände.

Durchmesser der Lieblingspfanne:
Eine kleine mit 21 cm Durchmesser und schmalem Rundbogen fürs Schwenken.

Kocht am liebsten für:
Elena (reine Geschäftsbeziehung)! Sonst nur für Gäste. Für sich selbst wenig, da sie beruflich immer kocht.

Das Gericht geht immer:
Spaghetti Napoli

Anzahl der Gewürze in der Küche:
Sie will nicht übertreiben, aber um die 50, vielleicht mehr.

Butterverbrauch in der Woche:
Mindestens das 10-Fache von Elenas Konsum. Das kommt aber bei ihr auf die Jahreszeit an, während des Winters im Restaurant extrem viel, an einem schlechten Tag in der Familie ein halbes Paket Butter. Vor allem, wenn es belegte Brote gibt. Da ist das Verhältnis dann ⅓ Butter mit ⅔ Auflage – „Luxusschnitten" nennt Maria die.

Tüftelt seit Jahren schon an:
Als Koch entdeckt man immer mal was Neues, zum Beispiel Garmethoden, aber tüfteln ist nicht ihr Ding.

Das sagt ihr Kühlschrank über sie:
Du bist dick.

3 goldene Regeln in der Küche:
1. Struktur und Ziel festlegen, 2. Sauberkeit, 3. Geschmack.

Bestes Gericht, das sie je gegessen hat:
Sie hofft, dass sie mit 41 noch nicht das beste Gericht gegessen hat, das ist ja beschissen für alles, was noch kommt. Aber ein erstes Aha-Erlebnis hatte sie beim Mastleberessen aufgrund des süßlichen Geschmacks in Kombination mit der außergewöhnlichen Konsistenz.

Was lässt sie immer auf dem Teller liegen?
Weißen Pfeffer! Den schmeckt sie sofort, wenn er irgendwo dran ist, er riecht wie Schweißfuß, richtig muffig.

Das beste Zitat über Kochen/Essen/Genießen:
„Fantasie und Liebe sind die besten Gewürze."

Denkt sie beim Kochen?
Nein. Ohne äußere Störfaktoren ist Maria total im Prozess, im Fluss, da denkt sie nicht, sie macht nur und ist ganz bei sich selbst.

„Ich sehe mich als
Handwerkerin, nicht als Foodstylistin oder
Entwicklerin. Wie ein Regisseur gebe ich einem Gericht
seinen Spirit, aber nicht im künstlerischen Sinne.
Kochen bleibt kochen. Und jeder, der was anderes behauptet,
ist ein Überspannter."

ELENA

Vorname: Elena

Nachname: Uhlig. Man könnte auch Frau Fett sagen: Elena Uhlig alias Frau Fett.

Geburtsort: Düsseldorf (da, wo die Sonne scheint)

Beruf: Gauklerin

Alter: Kommt auf den Wochentag an

Handschuhgröße: XL, sie mag es luftig

Durchmesser der Lieblingspfanne: Wartet noch, bis sie ihr geschenkt wird

Kocht am liebsten für: Ihre Kinder, denn sie zeigen die größte Dankbarkeit und weil sie immer alles essen. Grundsätzlich kocht sie gerne für Menschen und die Familie.

Das Gericht geht immer: Spaghetti Bolognese

Anzahl der Gewürze in der Küche: Zu viele! Seitdem sie mit Maria kocht, braucht sie aber nur noch wenige. Sie benutzt die meisten nicht und Überwürzen ist nicht das Wahre.

Butterverbrauch in der Woche: 1,5 kg

Tüftelt seit Jahren schon an: Ab jetzt wird gar nicht mehr getüftelt, denn dank Maria weiß sie ja jetzt bei vielem, wie's geht!

Das sagt ihr Kühlschrank über Elena: Geht sehr gerne einkaufen und befüllt mich immer mit jeder Menge Leckereien bis ich randvoll bin und fast aus allen Nähten platze.

3 goldene Regeln in der Küche: 1. Butter, 2. Spaß, 3. Geschmack – das sind die notwendigsten Utensilien.

Bestes Gericht, das sie je gegessen hat: Seit sie mit Maria kocht, gibt's ganz viele Leibgerichte. Die Konsistenz des sämigen Kartoffel-Senf-Ragouts zum Beispiel liebt sie.

Was lässt sie immer auf dem Teller liegen? Innereien oder Kutteln

Das beste Zitat über Kochen/Essen/Genießen: „Es wird nicht so heiß gegessen, wie es gekocht wird."

„Wir kochen im Podcast mit euch ja alle zwei Wochen maximal 30 Minuten ein schönes Gericht. Damit ihr zumindest zweimal im Monat wisst, was ihr kocht, und nicht drüber nachdenken müsst. Dafür sind Maria und ich da."

Gross & Fett: wie alles begann

Was soll man sagen? Wahnsinn, wie das Leben manchmal so geht und wie man sich findet – das ist unsere Geschichte. Die Geschichte von „Groß & Fett".

ABER GANZ ZUM ANFANG, UND WARUM ES DIESES BUCH ÜBERHAUPT GIBT

Alles begann mit einem gemeinsamen Auftritt von Maria Groß und mir, Elena Uhlig, in der Talkshow „Riverboat" am 4. Oktober 2019. Mir war Maria schon vorher bekannt, ich hatte eine Reportage über sie gesehen und mehrere Fernsehsendungen verfolgt, in denen sie zu Gast war. Und dann war sie plötzlich da, stand vor mir, live und in Farbe ... hinter der Bühne, vor unserem großen Auftritt in der Talkshow und ich bin tatsächlich ein wenig nervös geworden, als ich ihr die Hand gab und mich vorstellte.

Maria Groß: nicht nur ein großartiger Name, sondern auch eine großartige Frau, die das Herz am rechten Fleck trägt und ihre Leidenschaft zu ihrem Beruf gemacht hat. Wie ich. Und doch mit einem Unterschied: Sie macht etwas Handfestes, bei ihr kann man die Kunst schmecken, sehen, fühlen und anfassen. Es wirkt alles wie aus einem Guss und ist mit einer Leichtigkeit gefertigt, die seinesgleichen sucht. Und dann kommt noch dazu, dass sie die höchste Auszeichnung in ihrer Kunst schon bekommen hat: den Michelin-Stern. Als damals jüngste deutsche Köchin. Wahnsinn! Man muss sich das vorstellen, das wäre so, als ob ich den Oscar gewonnen hätte. Aber mit einem Unterschied: Maria hat den Stern zurückgegeben. Weil sie sich entschieden hat, frei zu sein, zu kochen, zu leben, andere damit zu begeistern, aber nicht nach einem Stern zu pfeifen. Ich weiß nicht, ob ich die Größe hätte, den Oscar zurückzugeben, wenn ich ihn denn bekommen hätte. Hätte, hätte, wäre, wenn ...

Wie dem auch sei: Wir sind in manchen Dingen sehr verschieden und das macht heute unsere Zusammenarbeit aus.

ABER ZURÜCK

Wir wurden einander offiziell vorgestellt und eh man sich's versah, saßen wir schon in der Talkrunde. Ich glaube, wir waren die Einzigen, die über die gleichen Dinge lachen mussten, und ich hatte das Gefühl, dass da jemand sitzt, der mich wirklich interessiert. Und manchmal kommt der Zufall ins Spiel oder ist es das Schicksal? Wir beide mussten direkt nach der Sendung zurück nach Hause und konnten keinen Absacker mehr mit den anderen

Talkgästen in der Lounge nehmen. Ich musste mich sputen, um den letzten durchgehenden Zug nach München zu erreichen. Diesen Zug musste auch Maria nehmen, um in Erfurt rauszuspringen, denn sie hatte das Restaurant zu Hause voll. Tja, und dann fand man sich im Speisewagen wieder und Maria versuchte für uns – meine Agentin, ein netter Herr, der das Warm-up geleitet hatte und mich – Sekt zu bestellen. Ein kurzer Dämpfer unseres Kennenlernens, denn ich trinke eigentlich keinen Alkohol, aber für eine Gastronomin hat das mit Genuss und Geschmack zu tun.

Das Tolle an Maria ist, sie kann über Dinge schnell hinwegsehen und außerdem ist ihr Lokal auch bekannt für „Weinbegleitung“ auf die antialkoholische Art. Man kann das nicht beschreiben, man muss es probieren. Es ist ein Feuerwerk am Gaumen, eine Explosion ... aber ich schweife schon wieder ab.

Fakt war, ich wollte was mit dieser Frau machen. Ich liebe Kochen. Es ist mein Hobby, meine Leidenschaft und vor allem: Ich esse wahnsinnig gern.

Wenn es etwas gibt, das mich nach Schauspiel, Schreiben und Moderieren noch interessiert, dann ist es das Kochen. Essen ist für mich nicht Nahrungsaufnahme, sondern ein Lebensgefühl und ich glaube, genau da treffen wir uns. Es kann auch mal das Wurstbrot sein, aber das muss halt gut sein. Wurst ist nicht gleich Wurst und Brot ist nicht gleich Brot.

Ich werde von dieser Frau viel lernen können, das war mir in dem ICE nach München schnell klar. Ich musste etwas finden, sofort, was uns für die nächste Zeit aneinanderketten würde. Und deshalb glaube ich, dass unsere Begegnung Schicksal war und nicht Zufall, denn vor circa zehn Jahren hatte ich schon mal die Idee, eine Koch-CD aufzunehmen, mit der man in Echtzeit mitkochen kann.

Es gibt so viele Singles da draußen, aber abgesehen von Singles gibt es auch so viele Menschen, die einfach keinen Kochdaumen haben. Für die Kochen etwas Anstrengendes, Einsames, Verlorenes, ein Mittel zum Zweck ist. Hauptsache der Magen ist gefüllt und man hat die Prozedur schnell hinter sich gebracht. Dem wollte ich entgegenwirken. Ich hatte es mir so vorgestellt mit der CD: Auf der Rückseite steht, was man einkaufen muss. Und dann kocht man zu Hause lustig mit einem Koch und mir und erfährt zum Beispiel ganz nebenher Wissenswertes über die Kartoffel, hört dem Geplänkel von uns beiden zu und eh man sich's versieht, ist die CD zu Ende und man hat ein Gericht gezaubert, etwas gelernt und einen vollen Bauch.
Bon Appetit!

Gescheitert ist das Ganze daran, dass ich mir damals nicht klar war, wie man die Logistik des Aufnehmens hinkriegen sollte, in einem Studio steht ja keine Küche und ich war ja damals auch noch aufs Land verfrachtet worden, wo es weit und breit kein Studio gab, geschweige denn mit Küche. Ich kann zwar kochen, aber ich bin keine Köchin, es ist nicht mein Beruf. Wie soll ich denn beim Kochen etwas erklären, was mir selbst nicht klar ist ...?

ALSO GUT, MEGA-IDEE, ABER NICHT DURCHFÜHRBAR

Tja, und dann zehn Jahre später sind plötzlich Podcasts der heiße Scheiß. Und „Gemischtes Hack" einer der führenden. Wie kann man denn einen Podcast „Gemischtes Hack" nennen und es geht gar nicht um Hackfleisch? Eine neue Welt, unique, eloquent und nicht mehr wegzudenken. Und so kam es natürlich, dass mir schon mehrere Leute nahelegten, mach einen Podcast, du hast so eine schöne Stimme und erzählst so toll. Danke für die Lorbeeren. Aber über was soll ich denn reden, was soll ich denn erzählen? Eben! Also erst mal keinen Podcast.

Doch nun saß ich im ICE und mir gegenüber Maria Groß, die kochen und das auch erklären kann, die Leidenschaft hat, die lustig ist, die gerne lacht und die auf den Punkt ein Gericht zaubert. Meine Gedanken rasten und plötzlich tauchte die Mega-Idee, einst nicht durchführbar, vor meinem inneren Auge wieder auf. Dann leuchtete der Podcast in Neonschrift auf. Und dann war alles klar. Jetzt oder nie! Ich hörte die Durchsage „Unser nächster Halt ist Erfurt Hauptbahnhof, Sie erreichen die Anschlusszüge ..."

Ich nahm meinen ganzen Mut zusammen und es sprudelte aus mir heraus: „Maria, also Frau Groß, egal. Willst du mit mir einen Podcast machen, in dem wir kochen in Echtzeit, in dreißig Minuten, wo man mitkochen kann, wo man was lernt, wo man Spaß haben kann? Wir beide, du und ich. Du hast die Logistik, das Herz, kannst kochen und ich habe die große Klappe. Was meinst du?" „Na klar, warum nicht. Wir brauchen nur einen guten Namen. Ruf meinen Mann an, hier die Nummer und besprich das mit ihm."

UND DAMIT FUHR DER ZUG IN DEN BAHNHOF EIN

Und weg war sie.

Okay! Spiel, Satz und Sieg. Wir brauchen einen Namen! Einen Namen, mit dem alles klar ist. An dem man nicht vorbeikommt. Der mit Essen zu tun hat, der alles erklärt. Und Groß ist doch schon mal ein geiler Name. So heißt ja Maria, und der ist einfach wunderbar. Groß passt zum Essen, kann man ableiten. Aber was passt zu Groß? Doch nicht Uhlig. Nein es muss fett sein. Es muss ein fetter Name sein, richtig fett. Genau! Genau so muss er sein: Groß & Fett. Also Groß &Fett.

„EIGENTLICH SIND WIR
GROẞ & FETT, WEIL FETT …“
„ … GESCHMACKSTRÄGER IST …“
„ … UND WIR SIND TRÄGER
DES GUTEN GESCHMACKS.“

„Groß & Fett?“

„Ja, Groß & Fett! Das wird super, ich spür’s. Das ist genau der Name, der zu uns passt, der es besonders macht, der abhebt, also ich meine, uns abhebt. Abhebt von dem ganzen Wahnsinn, dem Low Carb, dem Nichtgeschmack, der Verweigerung von gutem Leben und Sinnlichkeit. Damit ist jetzt Schluss! Wir werden das anders machen. Ich glaube, so wie ich Maria erlebt habe, also heute erlebt habe, ich kannte sie ja vorher gar nicht, also ich kannte sie schon, aber nicht persönlich und ich fand sie schon immer toll, ich bewundere sie. Sie ist wie ich oder ich wie sie, das hab ich sofort gespürt, da hat sich was getroffen, da hat’s gefunkt, eine Vereinigung in der Sendung quasi. Verstehst du? Ich sag jetzt einfach mal du. Ist doch okay, wenn ich jetzt du sage, ist einfach näher jetzt. Das Sie ist so, so, so weit weg. Ich glaube, das wird spitze, verstehst du? Maria und ich, wir beide gemeinsam, das ist groß, das ist wirklich groß und das ist vor allem fett. Verstehst du, das ist fett, richtig fett! Maria und ich, weißt du ... Das ist, ... das ist ... , ja, das ist richtig groß! Das ist Groß & Fett. Da wissen die Leute, wo sie hingehören, was geboten wird. Hat doch gar keiner mehr Lust auf das ganze Andere, man will doch genießen, man will doch leben, vor allem leben!“

Ich redete mich um Kopf und Kragen. Oh mein Gott, ich konnte nicht aufhören. Ich hatte den Mann von Maria dran, der Maria den Rücken freihält und sich um alle administrativen Dinge und Ideen kümmert, die rund um und mit Maria stattfinden. Ich wollte ihm unbedingt etwas von der Euphorie weitergeben, die ich im Zug verspürt hatte und war immer noch Feuer und Flamme. Groß & Fett, eine Spitzenidee! Mittlerweile war es halb zwölf in der Nacht, Maria hatte mir vor dem Rausspringen aus dem Zug am Bahnhof noch zugerufen:

„Ruf meinen Mann an, aber erst nach halb zwölf, jetzt haben wir noch Geschäft, oder morgen! Erzähl ihm davon und frag ihn, was er davon hält! Wir entscheiden alles gemeinsam.“

Da ich sowieso hellwach, aufgekratzt und putzmunter war, schien mir halb zwölf eine Spitzenzeit. Also Uhlig, beruhig dich, sagte ich mir, brems dich ein, zu Wort kommen lassen musst du ihren Mann schon. Also stellte ich abrupt meinen Redeschwall ein.

Schweigen
Schweigen

„Groß & Fett?“, wiederholte er.

„Ja“, kam es nun kleinlaut aus mir heraus.

„Spitzenname, das machen wir.“

„Echt?“

„Ja.“

„Okay. Okay wann?“

„Kannst du Mittwoch?“

Ich verschluckte mich fast an meinem heißen Tee.

„Jetzt sofort? Also jetzt, diesen Mittwoch?“

„Ja.“

„Okay. Also ich komm wirklich!“

Ich hörte ein Lachen am anderen Ende der Leitung.

„Gut, dann ist doch alles klar. Ich muss wieder rein, das Geschäft läuft noch. Bis Mittwoch!“

„Klar, Mittwoch. Spitze! Tschüss!“

Nicht nur eine Frau der Tat, auch ein Mann der Tat.
Herrlich! Ich liebe es!
Groß & Fett wurde zum Leben erweckt.

ALSO DANN, HERD AN!

Manchmal fallen die Würfel richtig im Leben und alles fügt sich passend ineinander.

Also Mittwoch. Blieben fünf Tage Zeit, aber Matthias (Marias Mann) hatte ja vollkommen recht. Man muss die Dinge beim Schopf packen, bevor der Alltag einen wieder auffrisst und die gute Idee dann im Sande verläuft. Meine Agentin Christina war wie ich Feuer und Flamme. Feuer und Flamme – wie gut diese Redewendung zu Groß & Fett passt ...

Der Zug wurde gebucht, meine Agentin organisierte einen Freund, der uns bei der ersten Tonaufnahme helfen würde, ich organisierte meine Kinder weg und dann einfach los. „Bachstelze“, wir kommen!

Die „Bachstelze“ am Hamburger Berg 5 in Bischleben/Erfurt ist Marias und Matthias' Restaurant beziehungsweise Kleinod. Ich hatte schon mal im Fernsehen eine Reportage über ihr Restaurant, diesen besonderen Ort, gesehen und weiß noch, dass ich damals gedacht hab, da müsste man mal hin. Die „Bachstelze“, ein altes Ausflugslokal, haben die beiden übernommen und zu neuem Leben erweckt, nachdem Maria sich aus dem Sterne-Business verabschiedet hatte. Sie wollte etwas anderes, einen besonderen Ort, wo man ungezwungen und in einer traumhaften Kulisse und Atmosphäre einen entspannten und genießerisch kulinarischen Abend erleben kann. So als würde man bei Freunden zum Essen eingeladen sein. Nach dem Aperitif im verträumten Gastgarten wird drinnen das Menü serviert.

Nun war es so weit. Meine Agentin und ich bestiegen um circa 6.30 Uhr den Zug nach Erfurt, unser erster Podcast sollte aufgenommen werden. Besser schnell ins kalte Wasser springen und schauen, ob es funktioniert. Es gibt wenige Menschen, die sich in Bischleben verlaufen können, aber ich gehöre dazu. Man kann bei mir sicher sein, gibt es einen rechten und linken Weg, gehe ich den rechten, aber links wär's richtig gewesen. Fakt ist, auch über rechts kommt man irgendwann zum Ziel, es dauert nur länger ...

Nass geschwitzt kamen wir beide bei der „Bachstelze“ an. Ich war so aufgeregt, hatten wir uns doch letztendlich eigentlich noch gar nicht wirklich kennengelernt, und mit Matthias gab es auch nur dieses absurde erste Gespräch in der Nacht und dann drei SMS, um unsere Ankunft anzukündigen. Nun standen wir auf dem Treppenaufgang, ich atmete tief durch: Na dann los, Uhlig!

Ich kann nur sagen, allein der Treppenaufgang ist schon eine Reise wert. Man kommt in ein verwunschenes Paradies, der Handlauf ist liebevoll von Maria umhäkelt worden, überall stehen Blumen, ein riesiger uralter Baum, in dem bunte Lampions hängen, spendet im Gastgarten Schatten. Überall ist alles mit ganz viel Liebe dekoriert. Wohin das Auge auch blickt, entdeckt man etwas Neues. Ich war im Wunderland und gleich würde Alice kommen und mich mitnehmen.

Und da stand sie schon: Maria – unprätentiös, ungeschminkt, in einem schönen, luftigen Batikhemd mit Leggings drunter, ihre Füße steckten in unkomplizierten Schlupfsandalen. Hinter ihr tauchte ein Wuschelkopf auf, Matthias – ein Mann, den du gleich ins Herz schließt. Der Topf zum Deckel oder der Deckel zum Topf. Kennen Sie das, man stellt sich doch oft den Partner eines Menschen vor und hofft, dass er genauso nett und lustig ist? Ich hatte Glück. In Bermudas und T-Shirt stand er da und man hatte gleich das Gefühl, man kennt sich schon ewig. Hinter den beiden tauchte Friedrich auf, der eigentliche Chef des Hauses, ein wunderschöner großer braunhaariger Pudel, der freudig mit dem Schwanz wedelte, eine Katze querte von links das Bild und begutachtete uns ebenfalls. Die Vögel zwitscherten und ich hatte das Gefühl, ich bin in Cornwall bei einer Pilcher-Verfilmung. Herrlich! Ja, so war unsere erste Begegnung mit der „Bachstelze" und ihren Inhabern, ein Kleinod. Hier wollte man sein, hier konnte man den Alltag vergessen, sich einfach verwöhnen lassen und richtig entspannen.

„Na, dann, kommt rein, wir freuen uns", ergriff Matthias das Wort. Maria umarmte mich und schon wurde ich ins Innere der „Bachstelze" gezogen.

Auch hier das gleiche Bild wie draußen. Ein warmer, gemütlicher Raum im Vintage-Look eingerichtet, so als würde man in einem gemütlichen Wohnzimmer Platz nehmen. Ich wurde direkt in die Küche gezogen, in Marias Herzstück, dorthin, wo sie viel Zeit ihres Lebens verbringt, wo sie ihre Kunst lebt und damit die Menschen glücklich macht. Wahnsinn, wie sauber, strukturiert und aufgeräumt das ist, schoss es mir sofort durch den Kopf. Vielleicht sollte ich Maria mal zu mir einladen, um meine Küche auf Vorder-

„ICH BIN QUASI DIE SPARRINGSPARTNERIN, DER LAIE, DER MITKOCHT, FRAGEN STELLT UND KOSTEN MUSS …“

mann zu bringen. Das Einzige, was das Bild störte, waren aufgebaute Mikrofone, die der Freund meiner Agentin schon aufgestellt hatte.

„Also dann los! Ich hab schon eine schöne Schürze für dich bereitgelegt, Hände waschen kannst du hier."

„Aber wie kriege ich das Wasser an, Maria?"

Am Wasserhahn gab es gar keinen Hebel.

„Halt einfach die Hände darunter, das geht mit Infrarotsensor."

Das brauch ich auch, dachte ich, wenn du mit vollgebatzten Händen nicht den Hahn aufdrehen musst ...

Und so wurde ich im wahrsten Sinne des Wortes ins kalte Wasser geworfen. Wir fingen einfach an, ohne großes Gewese, als ob wir uns schon Jahre kennen würden. Einfach los, einfach loslegen, ohne sich groß Gedanken zu machen, erstmal ausprobieren und dann weitersehen. Nicht alles vorher zerreden und in der Theorie durchspielen, sondern machen. Einfach machen. Ich glaube, wir haben uns gesucht und gefunden. Maria ist mir in vielem sehr ähnlich. Sie packt an, sie versucht, sie probiert, sie lebt und hat das Herz am rechten Fleck. Sie hatte alles vorbereitet. Sie wusste genau, was sie kochen wollte.

„Weißt du, Elena, ich finde es wichtig, dass wir einfache, leckere Gerichte in dreißig Minuten machen. Gerichte, die jeder mitkochen kann, die man versteht, ohne viel Chichi, die man in den Alltag einbauen kann. Chichi kann man immer noch machen und ich werde auch Sachen weglassen, werde zeigen, dass man ein Risotto auch ganz einfach machen kann. Nicht so wie es die große Küche verlangt, nicht hundertprozentig korrekt, aber dafür schnell, unkompliziert und trotzdem lecker.

Ich möchte unsere Zuhörer im Alltag abholen, ihnen zeigen, dass gutes Kochen nicht 100 Zutaten braucht, anstrengend und zeitaufwendig sein muss, sondern leicht von der Hand und zwischendurch gehen kann. Lass uns die Leute anregen, Neues auszuprobieren, ohne dass sie davor in die Kochlehre gehen müssen. Wir werden jedes Mal ein leckeres Gericht kochen, bei dem man nicht vorher in fünf verschiedenen Läden einkaufen muss. Einfach soll es sein, aber wichtig ist, Elena, es gibt Grundzutaten, die jeder zu Hause haben sollte, wenn er mit uns kochen möchte."

„Grundzutaten, Maria?"

„Es gibt Dinge, die braucht man einfach, um mit uns zu kochen, die kann man sich dann jedes Mal auf einem Tablett danebenstellen, auch wenn wir nicht immer alle einsetzen werden, aber man hat sofort Zugriff darauf.

Schau, ich hab sie dir schon auf einem Tablett zusammengestellt!"

DIE GRUNDZUTATEN

Salz
Zucker
Cayennepfeffer
Muskatnuss
Butter
Sahne
Rapsöl, das man gut erhitzen kann
Olivenöl
Essig
Madeira/weißer Portwein/roter Portwein
Ketjap Manis (süße Sojasauce)
Knoblauchpaste

„Das sind die Grundzutaten bei Groß & Fett."

„Okay, Maria, wunderbar.
Aber das musst du mir noch mal genau erklären."

„Mach ich später, jetzt lass uns erst mal beginnen und kochen."

Tja, ihr Lieben, und so entstanden unsere ersten Podcasts. Technisch noch nicht perfekt, aber der Spaß war da und die Leidenschaft auch!

Wir kochten wie die Wilden drei Gerichte. Ich bin wirklich keine schlechte Köchin und weiß auch viel, aber Maria war eine Offenbarung für mich. Kochen ist nicht nur eine Kunst, es ist auch ein Handwerk, welches Maria perfekt beherrscht. Sie kam auch keine Minute in Stress, während mir schon nach zehn Minuten der Schweiß ausbrach und sich bei mir die Frage aufdrängte, schaffen wir das in dreißig Minuten. Eine völlig unnötige Angst, wie sich herausstellte, denn wenn Maria eine Zeit angibt, dann ist das Gericht auf den Punkt genau fertig. Eigentlich waren wir immer vor der Zeit fertig, man hätte schon servieren können. Mir würde dann das Essen kalt werden oder verkochen, wie man's nimmt. Aber nicht bei Maria. Hier trennt sich die Spreu vom Weizen. Auch wenn du ihr sagen würdest, fürs nächste Gericht haben wir nur zwanzig Minuten Zeit, dann wählt sie halt ein Gericht, das in zwanzig Minuten auf dem Tisch steht. Und so kannst du mit den Minuten spielen, egal, welche Zeitangabe du ihr vorgibst, sie ist immer auf dem Punkt servierbereit. Und es fällt ihr immer ein neues Gericht ein, während mir zu Hause ständig der Kopf raucht, wenn ich mir überlege, was ich noch anderes kochen könnte außer Pizza, Würstchen mit Kraut, Nudeln Napoli oder Bolognese und nicht zuletzt den guten Pfannkuchen. Die Frage von Herrn Karl: „Was kochen wir denn Gutes heute?", versetzt mich immer in Stress, macht mich aggressiv und ich verfalle in Depressionen. Bei Maria ist das anders, sie geht einfach in ihre Vorratskammer und schaut, was gerade noch da ist, und dann zaubert sie Speisen, auf die ich im Leben nicht gekommen wäre. Ich kenne Reis, Kartoffeln und Nudeln als Sättigungsbeilage, alles andere ist für mich neu und diese drei werden auch meistens auf die gleiche Art zubereitet. Da musste erst Maria kommen und mich fragen, warum ich die Kartoffel an der dicksten Stelle halbiere, und nicht, wie es logisch wäre, der Länge nach durchschneide, damit sie schneller im Wasser gar wird. Unabhängig davon, dass die Kartoffeln auf dem Teller viel appetitlicher aussehen, werden sie auch gleichmäßiger gar. Ich wette, Sie haben sie auch immer in der Mitte durchgeschnitten! Das Tolle ist, dass ich durch Maria Einblicke, Anregungen und Tipps bekomme, die mein Leben ungemein erleichtern und meinen Bauch füllen.

Der Podcast ist super, da kann man nebenher kochen und uns zuhören und muss sich keine Gedanken darüber machen, was man kochen könnte.
Und jetzt auch noch das Kochbuch, das einen optisch verführt. Die Gerichte, zu denen ein Podcast verfügbar ist, sind mit einem Symbol gekennzeichnet. So haben Sie das große Glück, mit uns nicht nur akustisch kochen zu können, sondern auch zusätzlich auf die gute traditionelle Art. Sie können sich von unserem Kochbuch inspirieren lassen, hilfreiche Tipps und Tricks erhalten und gleichzeitig ein paar lustige Geschichten lesen.

ABER ZURÜCK ZU UNSERER ERSTEN PODCAST-AUFNAHME UND DEM WEG ZU UNSEREM KOCHBUCH

Manchmal braucht man Glück im Leben und Begegnungen, die einen weiterbringen. Wir waren euphorisch, wir hatten bis 16 Uhr aufgenommen, dann mussten wir aufhören, weil Maria das Restaurant am Abend voll ausgebucht hatte. Ab 15 Uhr wurde es eh schon unruhig, da die Vorbereitungen für den Abend getroffen werden mussten. Wir packten zusammen, wissentlich dass wir einen Schatz in den Händen hielten, denn wer hätte gedacht, dass das gar so gut zwischen uns beiden harmoniert und Spaß macht. Es fühlte sich nicht wie Arbeit an, sondern es war ein herrlicher Tag zweier Freundinnen, die sich zum gemeinsamen Kochen verabredet hatten. Wobei die eine, nämlich ich, mehr aß und Fragen stellte und die andere bereitwillig ihre Kunst preisgab.

Beseelt fuhren meine Agentin und ich nach München zurück. Und dann kam das Glück ins Spiel. Durch einen Zufall lernte ich Miriam Trunk, die Chefin von Audio-Now, kennen. Sie wollte den Podcast sofort mit uns produzieren und in ihr Programm aufnehmen. Bei Audio-Now kann man den Podcast kostenlos hören, genauso wie auf unserer Internetseite www.grossundfett.de. Aber bei Audio-Now kann man ihn auch abonnieren und verpasst somit keine Folge. Seitdem gibt es uns, Audio-Now fand die Idee eines Podcasts, bei dem man in Echtzeit mitkochen kann und leckere Gerichte mit einer Spitzenköchin in dreißig Minuten zaubert, super und sprang mit ins kalte Wasser. Ich bin quasi die Sparringspartnerin, der Laie, der mitkocht, Fragen stellt und kosten muss ...

Groß & Fett, endlich einmal kein Low Fat, halbfett, wenig fett, fettreduziert, sondern Genuss pur. Wer uns mag, muss Butter mögen, das hat der ZS Verlag sofort erkannt und mit uns dieses Buch produziert. Man muss auch mal Genuss leben dürfen. Maria und ich stehen dafür ein. Man braucht ein bisschen Fett auf den Rippen, um locker durchs Leben zu kommen. Für uns ist essen nicht nur Nahrungsaufnahme und Mittel zum Zweck, sondern etwas Lebendiges, Sinnliches, Wohltuendes, Besonderes, etwas, das der Körper, der Geist und vor allem die Seele braucht, um überleben zu können, und das glücklich macht und nicht frustriert. Groß & Fett halt ...

SO IHR LIEBEN, LASST UNS BEGINNEN, LASST UNS KOCHEN!

Dann fangen wir am besten mit dem Anfang an und am Anfang stehen die Grundzutaten, ohne die geht es nicht, die braucht ihr, wenn ihr mit uns kochen wollt!

„FÜR UNS IST ESSEN NICHT NUR NAHRUNGSAUFNAHME UND MITTEL ZUM ZWECK, SONDERN ETWAS LEBENDIGES, SINNLICHES, WOHLTUENDES, BESONDERES."

Grundzutaten für die folgenden Rezepte

Immer parat! Diese 13 „Geschmacksverstärker“ sollten Sie unbedingt zu Hause haben, um die Gerichte nachkochen zu können

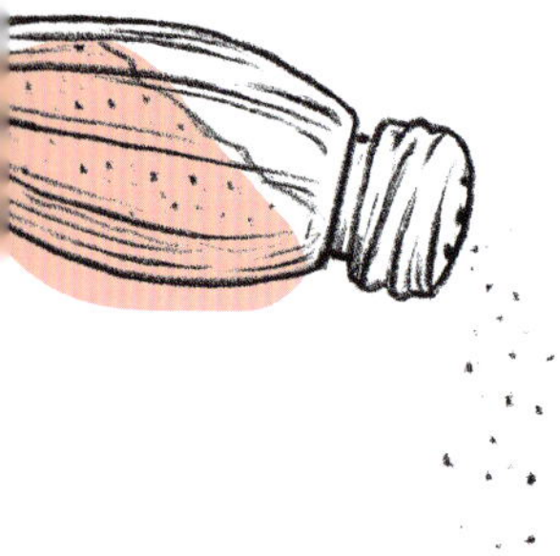

Salz:

Einfach ein gutes Streusalz, das man hervorragend mit den Fingern dosieren kann. Also wenn wir von 1 Prise Salz sprechen, verwenden wir das Streusalz. Welches Salz Sie hier bevorzugen, ob mit oder ohne Jod, Meersalz oder aus dem Berg, ist ganz Ihnen überlassen.

Cayennepfeffer:

Für mich eine neue Offenbarung in der Küche, für Maria Alltäglichkeit. Sie werden lernen, in welcher Dosierung Sie ihn brauchen. Maria verwendet Cayennepfeffer, so wie Sie vermutlich Pfeffer verwenden. Aber Pfeffer hat viele Geschmacksrichtungen. Maria verwendet Pfeffer nicht einfach so. Wenn sie Pfeffer verwendet, dann ist es eine Besonderheit und wird bei uns extra gekennzeichnet. Cayennepfeffer hingegen ist im Geschmack neutral und bringt einfach eine leichte Schärfe.

Zucker:

Einfach normaler weißer Zucker. Aber schauen Sie auch hier, dass er sich gut streuen lässt. Kaufen Sie feinen Zucker, keinen Backzucker, der wäre zu fein, und der normale wäre zu grob.

Muskatnuss:

Ein herrliches Gewürz und Maria setzt die Muskatnuss bei vielen Gerichten gerne ein. Sie verleiht dem Gericht noch mal eine besondere Note. Außerdem ist Muskatnuss sehr gesund. Aber bitte eine ganze Muskatnuss verwenden, die man reiben kann, und kein Pulver, das hat nicht das gleiche Aroma.

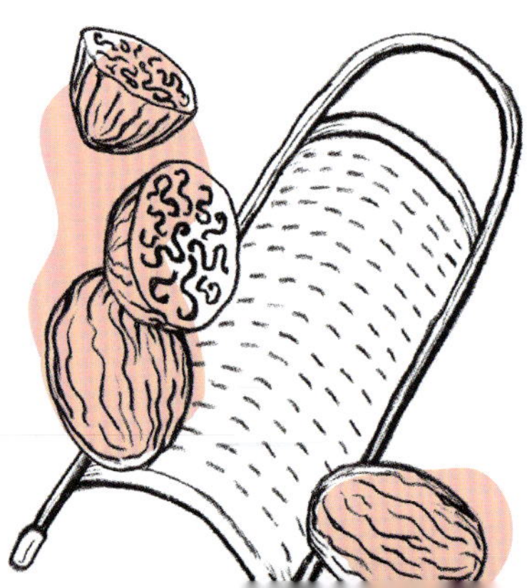

Sahne:

Hier verhält es sich ähnlich wie mit der Butter: ohne geht’s nicht. Sie ist das flüssige, zarte, weiche Pendant zur Butter. Und wenn wir von einem Schluck Sahne reden, reden wir von circa einem halben Becher (also 100 g) …

Butter:

Das Wichtigste überhaupt in unserer Küche. Zu Butter muss man eigentlich nichts mehr sagen, außer dass man immer zwei Packungen davon im Kühlschrank haben muss. Nicht nur, um mit uns zu kochen, sondern grundsätzlich. Butter macht glücklich. Und wenn wir von einer Flocke Butter sprechen, dann meinen wir circa einen Esslöffel voll …

Essig:

Einen guten, hellen Essig mit 5% Säure sollte man immer zur Hand haben. Er dient zum schnellen Abrunden und Aufpeppen der Gerichte.

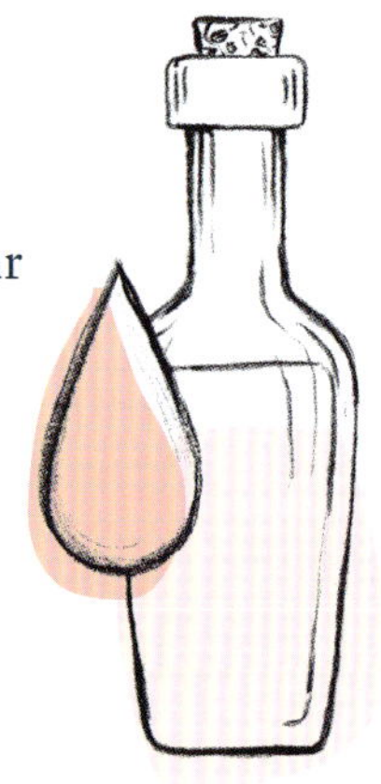

Rapsöl, das man gut erhitzen kann:

Nehmen Sie ein geschmacksneutrales Rapsöl, es muss gar nicht teuer sein. Wichtig ist, dass es Hitze gut verträgt.

Olivenöl:

Kaufen Sie ein gutes kalt gepresstes Olivenöl, das Sie vom Geschmack her mögen.
Das ist wichtig, da wir es teilweise für Toppings verwenden.

Ketjap Manis (süße Sojasauce):

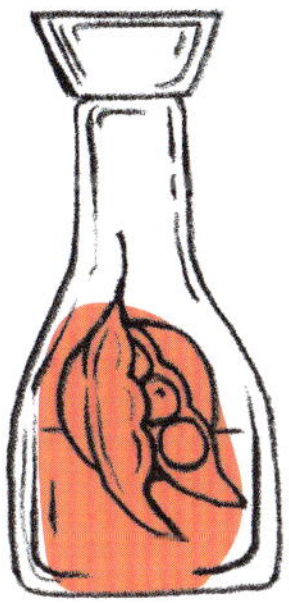

Bekommen Sie in jedem guten Supermarkt oder im Asia-Shop. Vor Maria habe ich damit nie gekocht oder nur, wenn ich asiatische Gerichte gemacht habe, aber ich sage Ihnen, diese Sojasauce ist besonders und bringt einen Pfiff in manche Sachen rein, mit dem man nicht gerechnet hätte.

Knoblauchpaste:

Nicht wegzudenken in Marias Küche und in meiner jetzt auch nicht mehr. Diese Paste müssen Sie einmal herstellen und sie ist dann im Kühlschrank mindestens zwei Monate haltbar. Sie ist das Aha-Erlebnis.

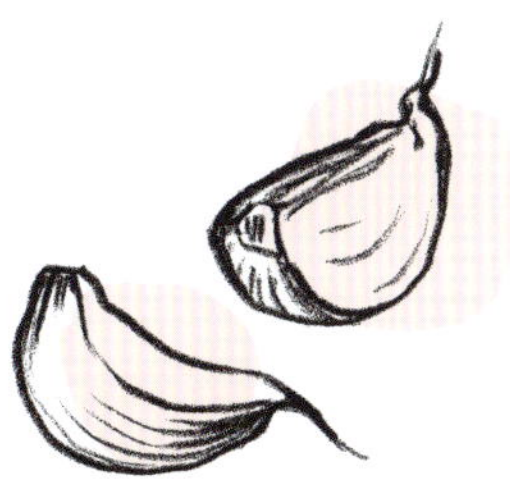

Madeira/ weißer Portwein/ roter Portwein:

Die drei alkoholischen Zutaten sind in unserer Küche wichtig. Sie verleihen den Speisen ihre feine einzigartige Note, sie werden verschieden eingesetzt und sind quasi das Parfum.

Herstellung der Knoblauchpaste:

Um die Sache einfach zu gestalten, nehmen Sie ein altes Gurkenglas mit Schraubdeckel und kochen es aus. Prüfen Sie aber vorher, ob der Pürierstab durch die Öffnung passt. Dann schälen Sie die Zehen von zwei Knoblauchknollen, geben alle in das Glas und bedecken sie anschließend mit dem oben erwähnten Rapsöl.
Wichtig: Kein Olivenöl nehmen, es kristallisiert im Kühlschrank und kippt schneller! Außerdem hat es einen Eigengeschmack, den wir hier nicht brauchen. Wenn die Knoblauchzehen ganz mit Öl bedeckt sind, pürieren Sie sie fein und ziehen den Stab vorsichtig heraus. Bedecken Sie die fertige Paste noch einmal mit einem Zentimeter Öl, damit sie nicht schlecht wird. Deckel aufs Glas, Aufkleber Knoblauchpaste oder Groß & Fett darauf und ab in den Kühlschrank!

Die Theorie für die Praxis

HAUSHALTSTIPPS

Zu Beginn will ich euch eines mit an die Hand geben. Jedes Gericht lebt von der Balance von Salzigkeit, Säure, Schärfe und Süße. Nicht jedes Gewürz darf eine Kopfnote sein, ist aber oft als Fußnote entscheidend für den guten Geschmack eines Gerichts. Daher empfiehlt es sich, immer an die Grenzen zu gehen.

Lieber mutig beim Würzen, als ein belangloses Etwas auf den Teller zu legen!

Generell sollte man sich auch überlegen, wie viel Abwasch man produzieren möchte. Die Ökologie liegt uns doch allen am Herzen. Und gerade bei unseren schnellen Tellergerichten, bietet es sich an, z. B. die Pfannen nicht nur zum Anbraten, sondern auch zum Zubereiten der Sauce zu verwenden. Oder eben zum zeitgleichen Garen unterschiedlicher Produkte, die zum Schluss sowieso gemeinsam auf dem Teller landen. Ein kombiniertes Gericht schmeckt dadurch noch viel intensiver und abgerundeter als einzeln zubereitete Komponenten. Die Produkte bilden sozusagen eine Synergie miteinander.

EINKAUFSTIPPS

Ohne moralisch sein zu wollen, sollte es dennoch ein Gebot sein, eine gewisse Ethik beim Einkauf an den Tag zu legen. Wer immer nur im Discounter einkauft, darf sich über die Vereinheitlichung von Geschmack und Optik nicht aufregen. Vielfalt findet sich in der Differenz. Das heißt in der Regel lokal und saisonal. Bedenkt immer, dass sich für kleine ortsansässige Bauern und Produzenten teure Zertifikate nicht lohnen. Trotzdem bauen sie biologisch und arbeiten im Einklang mit unserer Natur.

Natürlichkeit spiegelt sich meist in der Transparenz, wie ein Betrieb arbeitet, unabhängig von seiner Größe, wider. Geschmack spiegelt immer das Grundprodukt wider. Auf Masse getrimmtes Gemüse oder Tiere haben sicher nicht die Substanz für einen gehaltvollen naturbelassenen Geschmack. Gerade bei Geflügel gibt es ja nicht nur große Preisunterschiede, sondern auch erhebliche Qualitätsunterschiede. Unterschiede, die sich dann eben auch in den Garzeiten zeigen. Ein nicht gemästetes Geflügel aus naturnaher Haltung ist nicht nur geschmacklich, in Farbe und Konsistenz anders, sondern bedarf auch einer längeren Garzeit.

„WER IMMER NUR IM DISCOUNTER EINKAUFT, DARF SICH ÜBER EINEN EINHEITLICHEN GESCHMACK VON OBST UND GEMÜSE NICHT WUNDERN.“

Auf den Punkt gebracht: Naturbelassene Produkte sind kurioserweise viel seltener geworden und verhalten sich bei der Zubereitung manchmal ganz anders, als man es mittlerweile kennt. Die Menge der das ganze Jahr verfügbaren Lebensmittel kann mit herkömmlichen, saisonalen Voraussetzungen gar nicht gewährleistet werden.

SCHARFE MESSER, SCHNEIDEBRETT, EIN PAAR PFANNEN UND EIN STABMIXER SIND EINE GUTE BASIS FÜR EINFACHES KOCHEN.

KÜCHENAUSSTATTUNG

Generell gilt, wer unsere Rezepte kochen möchte, braucht keine Profiküche, aber dennoch eine gute Grundausstattung an Kleinigkeiten. Z. B. ein flexibles Filetiermesser, es macht die Schnittführung am Produkt deutlich einfacher als ein starres Messer. Ein großzügiges Schneidebrett mit einer ordentlichen Arbeitsfläche ist auch empfehlenswert. Man hat dadurch einfach einen besseren Überblick und leichtes Arbeiten. Prinzipiell gilt, wer viel kocht, sollte einen leistungsstarken Stabmixer zu Hause haben. Ansonsten sind scharfe Messer, ein paar Pfannen, ein Sparschäler und eine breite Palette eine gute Basis für einfaches Kochen. Wenn die Utensilien noch in einer guten Anordnung griffbereit sind, kann man unsere schnellen, nach Instinkt gewürzten Gerichte mit Bravour zubereiten.

KOCHTECHNIKEN

FISCH MEHLIEREN

Damit die Fischhaut auf jeden Fall knusprig wird, gibt es einen kleinen Trick. Die Hautseite mit etwas Mehl bestäuben und leicht abklopfen, so wird die Mehlschicht gleichmäßig dünn. Anschließend den Fisch in die zunächst heiße Pfanne legen und dann die Temperatur herunterdrehen. Tatsächlich gart man Fisch nur auf der Hautseite und lässt ihn nur wenige Sekunden auf der Fleischseite ziehen. Alternativ zu Weizenmehl kann man natürlich auch Buchweizen, feine Polenta oder ähnliche Mehle verwenden.

GARGRADE BEIM FISCH

Wenn man Fisch auf der Hautseite gart, kann man den Gargrad wunderbar beobachten und beeinflussen. Es ist auch eine schonende Garmethode, damit der Fisch schön glasig bleibt. Wenn man den Fisch wie im Rezept auf S. 133 auf einem Zedernholzbrett in der Pfanne gart, kann man noch sensibler mit der Temperatur spielen.

ZWISCHENLAGERUNG IM WASSER

Die Option, Gemüse oder Obst zur Zwischenlagerung ins Wasser zu legen, sollte immer auf ein Minimum an Zeit reduziert werden. Sonst gehen der Geschmack und die Vitamine verloren. Dennoch ist es eine gute Möglichkeit, um die enzymatische Bräunung von natürlichen Produkten aufzuhalten. Kartoffeln z. B. können super am Vortag geschält und dann im Wasser aufbewahrt werden, bis man sie verwendet. Sofern z. B. Äpfel in Wasser gelagert werden, empfehle ich einen Spritzer Limettensaft hinzuzugeben. Bedenkt bitte aber, dass sich der Geschmack dabei verändert. Es geht entweder um die Erhaltung der Optik oder des Geschmacks. Bei einer guten Küche geht es prinzipiell um beides.

ALLROUNDER BUTTER

Gute Butter ist ein Multitalent und aus unserem Podcast Groß & Fett unmöglich wegzudenken. Dabei geht es weniger um Völlerei als vielmehr um die Intensität und Veredlung von gutem Geschmack, mit einfachen Produkten und Handgriffen. Nicht zuletzt kann auch ein untalentierter Koch fast jedes Gericht z.B. durch die Zugabe von Nussbutter aufwerten. Habt ihr schon mal einen Kartoffelstampf ausprobiert, der nur mit Salz, Muskatnuss und Nussbutter zubereitet wurde? Legendär.

Die Zubereitung ist ganz einfach: Butter bei mittlerer Hitze in einem Topf schmelzen. Sanft bräunen lassen und die Molke (das ist das Weiße, Wässrige, was sich unten absetzt) etwas anrösten. Produziert euch Nussbutter gleich in größerer Menge und stellt euch den Rest einfach für die nächsten Male in den Kühlschrank.

> „MANCHE STANGEN VOM GRÜNEN SPARGEL SIND RELATIV FETT, DANN HALBIERE ICH DIE NOCH MAL LÄNGS, DAMIT SIE EINEN SCHNELLEREN GARPUNKT HABEN."

SPARGEL SCHÄLEN

Damit Spargelstangen nicht brechen, lege ich sie immer auf mein Handgelenk und fixiere die Spargelspitze zwischen Daumen und Zeigefinger. Während ich den Spargel schäle, drehe ich ihn sanft zwischen Daumen und Zeigefinger. Wenn ihr grünen Spargel aus unserer Region kauft, muss man diesen zumeist gar nicht schälen, eventuell nur das untere Drittel. Der grüne Spargel von Übersee hat meist eine harte Schale, diese sollte man dicker abschälen.

Gut zu wissen ist auch: Spargel kann man auch roh essen. Also einfach mal dünn schneiden/abschälen und roh marinieren. Lecker.

BRÄUNUNGSGRADE

Unabhängig davon, welches Produkt man brät, gilt bei Groß & Fett Folgendes: Wir unterscheiden zwischen schwacher, mittlerer und starker Bräunung. Auch bei Hitze reden wir immer von schwacher, mittlerer oder aggressiver/starker Hitze. Je nach Produkt ist das tatsächlich entscheidend. Z.B. Pilze verlieren bei schwacher Hitze sehr viel Flüssigkeit und werden dadurch nicht geröstet. Deshalb immer bei starker bis aggressiver Hitze rösten und wichtig: immer erst danach würzen. Zucker und Salz ziehen Flüssigkeit aus dem Produkt, gerade deshalb ist das von Bedeutung.

DER RICHTIGE SCHNITT

SO, JETZT MAL HAND AUFS HERZ

Wenn ich euch sage, lasst uns Gemüse für einen Salat schneiden, dann versucht ihr bestimmt, minutiös alle Gemüse in der gleichen Größe zu schneiden. Also zumindest mach ich das so. Ich versuche immer, dass alles eine Einheit ist und dann sieht das halt nachher aus, wie's halt aussieht – fein, einheitlich in kleine Stücke geschnitten.

NICHT SO MARIA

Maria hat mich gelehrt, dass es auf den richtigen Schnitt ankommt, übrigens auch ein Aha-Erlebnis in meinen jugendlichen 45 Jahren, um ein Feuerwerk der Geschmacksnerven auszulösen, um ein sinnliches Erlebnis der zu genießenden Speise zu erfahren. Genauso wie ein Blumenbeet, das letztlich, wenn alles in Reih und Glied steht, zwar in Ordnung ist, aber für das Auge nicht vollkommen wirkt. Hingegen bringt ein wildes Blumenbeet in seiner Vielfalt und strotzenden Kraft einen zum Staunen. So verhält es sich auch beispielsweise mit dem Salat, also den Zutaten, die bei Maria in den Salat kommen. Und nicht nur das, Maria vermag es auch, noch verschiedene Garstufen von unterschiedlichem Gemüse in den Salat mit reinzuzaubern.

Aber fangen wir erst mal mit dem richtigen Schnitt an, bevor wir uns der Garstufe nähern.

Beispielsweise die Tomate: Die kann man in Scheiben, in Würfel, in Viertel- und Achtelschnitze, in Hälften gar – wenn es Kirschtomaten sind – schneiden. Jetzt werden Sie sagen, das ist nichts Neues, das haben Sie ja gewusst, ich auch. Aber Maria gibt teilweise alle Schnittarten der Tomate in den Salat. Die kleinen Würfelchen etwa dekoriert sie ganz zum Schluss darüber oder legt sie beim Anrichten in eine kleine Schale daneben mit aufs Servierbrett. Denn auch das Servieren und Anrichten ist eine Kunst, und gerade da isst das Auge mit. Also nun haben wir die Tomate schon mal geschnitten.

Mit der Gurke verhält es sich ebenfalls spannend. Die kann man über einen Hobel ziehen, längs und quer, mit Schale oder ohne, in Würfel schneiden, in Dreiecke, in Scheiben, mit Kerngehäuse und ohne. Da sind Ihrer Fantasie keine Grenzen gesetzt, probieren Sie es einfach aus.

„VERWENDET MAN OBST UND GEMÜSE IN VERSCHIEDENEN SCHNITTTECHNIKEN IN EINEM GERICHT, SORGT DAS FÜR ABWECHSLUNGSREICHE HAPTIK IM MUND UND GIBT EINEN GESCHMACKS-KICK. UND ES SIEHT SCHÖNER AUS."

Beispielsweise, um noch einmal auf die Tomate zu kommen, ein Tomatensalat:

Natürlich ist auch mal die einfache Geschichte angesagt, Tomaten in Scheiben geschnitten, flach auf einen Teller gelegt, Zwiebel in feine Ringe geschnitten, am besten die süßen lila-roten, darübergelegt, dazu ein leichtes Olivenöl, einen Spritzer weißer Balsamicoessig, ein paar grobe Salzkörner und frischer Pfeffer aus Mühle darübergestreut, wunderbar. Kann man machen und ist natürlich auch mal herrlich. Aber dann bräuchten Sie nicht uns, mit uns machen Sie einen anderen Tomatensalat.

Holen Sie sich verschiedenfarbige Tomaten, in verschiedenen Größen, einzeln auf dem Markt am Gemüsestand, oder kaufen Sie im Supermarkt eine Packung Wunderlinge (das sind die Tomaten, die aus verschiedenen Sorten zusammengewürfelt verkauft werden). Dann schneiden Sie sie in verschiedenen Schnittweisen (wie oben angegeben), geben Sie in eine Schale und lassen nur die kleinen Tomatenwürfel beiseite. Dann geben Sie, falls Sie haben, entweder Petersilie, Schnittlauch oder Basilikum gezupft, geschnitten, gehackt darüber, schneiden auch ein paar Zwiebel in Ringe und einen kleinen Teil der Zwiebeln hacken Sie klein. Die Ringe geben Sie wie eine Krone angehäuft oben auf die Tomaten. Die fein gehackten Zwiebeln geben Sie zu den klein geschnittenen Tomatenwürfeln in eine Extraschale und würzen Sie mit ein bisschen Cayennepfeffer, Olivenöl und Zitronensaft.

Über den restlichen Tomatensalat geben Sie Olivenöl, ein bisschen Balsamicoessig, obendrauf streuen Sie Salz und frisch gemahlenen Pfeffer, dann nehmen Sie ein Holzbrett, stellen beide Schalen drauf, legen neben die Schalen drei frische Scheiben Brot Ihrer Wahl, ein bisschen Butter und auf die Butter streuen Sie ebenfalls ein bisschen Salz. Sie werden sehen, das schmeckt völlig anders als der Scheibentomatensalat oben, obwohl Sie eigentlich die gleichen Zutaten benutzt haben. In der kleinen Schale ist durch den Cayennepfeffer, die kleinen Tomatenwürfel und Zwiebeln eine Tomatensalsa entstanden, fast so wie ein kleiner Bruschetta-Belag fürs Brot.

Der richtige Tomatensalat zaubert durch seine verschiedenen Farben und Schnittformen ein Feuerwerk für Mund und Auge. Versuchen Sie es doch mal! Es schmeckt wirklich anders! Ich wette, Maria würde sogar noch, um dem Ganzen eine besondere Note zu geben, einen draufsetzen: ein paar Kirschtomatenhälften auf der Schnittseite ohne Öl und ohne Garnix in der Pfanne scharf anbraten und dann unter den Salat heben. Denn die Röstaromen der Tomaten sowie die nun andere Konsistenz der Tomate aus der Pfanne würde dem ganzen Salat noch mal eine Spannung verleihen, die ihresgleichen sucht.

„DAS RICHTIGE SCHNEIDEN IST EINE KUNST, DIE FÜR FINESSE SORGT. DARAUF LEGT MARIA WERT.“

DIE PFANNE

Gut, dass eine Pfanne wichtig ist, das wusste ich.

Aber nicht, wie wichtig sie wirklich ist. Wahnsinn, wenn ich daran denke, dass ich bei einem Preis von 40 € für eine Pfanne schon schlucke, ich sie aber in Wahrheit jeden Tag verwende.

Letztlich greife ich immer zur beschichteten Pfanne, damit bloß alles darin rutscht und nichts anbrennen kann. Ihr Lieben, so geht das nicht. Maria hat mir die Augen geöffnet, Pfanne ist nicht gleich Pfanne.

Natürlich kann man zusätzlich zwei beschichtete Quatschpfannen im Sortiment haben, die quasi nichts kosten, bei denen es wurscht ist und die man immer wieder austauscht. Aber denkt daran, wie oft man sie austauscht, da kann man gleich sparen oder sich die nächste gute Pfanne schenken lassen. Sie ist in der Küche dein Hauptwerkzeug auf dem Herd. Wenn die nicht funktioniert, kriegst du die Sachen nicht gleichmäßig gegart, in der Mitte brennt es an, daneben nicht, sie wellt sich und steht gar nicht mit ihrer ganzen Fläche auf dem Herd, dann bloß nicht den Boden zerkratzen, denn der könnte giftig sein ... Der Horror!

Nein, alles Quatsch. Lass dir eine gusseiserne Pfanne schenken! Eine richtig gute! Die kannst du noch vererben. Wir wissen doch eh nicht mehr, was wir uns schenken lassen sollen. Und eine Pfanne benutzt du wirklich jeden Tag. Eine gusseiserne Pfanne. Ich stehe jedes Mal erstaunt vor Marias Herd und bewundere, was alles in der Pfanne gelingt. Du musst nur wissen, wie du sie richtig benutzt. Wenn ich schon hysterisch werde, weil der Kohlrabi leicht anzubacken scheint, lächelt Maria und sagt, lass ihn doch, ohne Röstaroma kriegst du keinen Geschmack.

Eine wirkliche Gusseisenpfanne kannst du richtig erhitzen, da bekommst du auch eine schnelle Sauce gezogen, die kannst du auch mal eben in den Backofen stellen – du solltest nur nicht vergessen, beim Rausnehmen Handschuhe anzuziehen ... Ja, die Sachen kleben beim Anbraten leicht am Boden an, aber das sollen sie auch, sie sollen ja Geschmack bekommen und außerdem gibt es die Butter, um sie wieder geschmeidig zu lösen. Klar ist so eine Pfanne schwer und gehört nicht in den Geschirrspüler, aber das gehören gute Messer ja auch nicht. Es ist einfach so, wenn du richtig gut kochen willst, also mit Geschmack, dann brauchst du eine gute Pfanne und Schluss!

„WER AN EINER GUTEN
PFANNE SPART, IST
SELBER SCHULD: SIE IST
DAS HAUPTWERKZEUG
IN DER KÜCHE."

Kleine Gerichte

Manchmal hat man ja nur ein bisschen Appetit und weiß nicht, auf was. Mit unserem 5-Minuten-Matjes, einem schnellen Süppchen oder den perfekt pochierten Eiern bieten wir dem kleinen Hunger einige Inspirationen.

AVOCADO-SANDWICH

ZUTATEN FÜR 2 PERSONEN:

1 große Scheibe Schwarzbrot
1 Bio-Zitrone
einige Stiele Minze
70 g griechischer Joghurt
1 Avocado
einige Radieschen mit Grün
1 Handvoll Himbeeren

AUS DER GRUNDZUTATENLISTE:

Salz
Cayennepfeffer
Zucker
Knoblauchpaste (siehe S. 27)

ZUBEREITUNG

Die Scheibe Schwarzbrot nach Belieben in einer Pfanne ohne Fett kurz anrösten und danach halbieren. Die Zitrone waschen, trocken tupfen, die Schale abreiben und die Zitrone auspressen. Die Minze waschen, trocken tupfen und klein schneiden. Ein paar Blätter für die Deko beiseitelegen.

Den griechischen Joghurt mit Salz, Cayennepfeffer, Zucker und Knoblauchpaste abschmecken. Mit etwas abgeriebener Zitronenschale und Zitronensaft verfeinern. Geschnittene Minze unterheben und alles vermischen.

Die Avocado schälen, halbieren und in der Pfanne anrösten. Radieschen putzen, waschen und nach Belieben in verschiedene Formen schneiden.

Zum Anrichten den Minzjoghurt dick auf die geröstete Avocado streichen. Radieschen, frische Minze und Himbeeren auf dem Brot arrangieren. Nach Belieben mit grobem Salz bestreuen und das Brot halbieren.

„ZUM REINBEISSEN SCHÖN: SIEHT DIE BROTSCHNITTE NICHT WIE WAHRES SOULFOOD AUS?“

PODCAST GERICHT

5-MINUTEN-MATJES

ZUTATEN FÜR 2 PERSONEN:

100 g saure Sahne
einige Stiele Dill
½ Salatgurke
5 kleine Kartoffeln
1 rote Zwiebel
2 süße, kleine Paprikaschoten (rot oder gelb)
2 kleine, grüne Salatköpfe (z.B. Römersalat)
250 g Matjesfilet

AUS DER GRUNDZUTATENLISTE:

Rapsöl
Knoblauchpaste (siehe S. 27)
Zucker
Salz
Cayennepfeffer
Essig

ZUBEREITUNG

Saure Sahne mit 1 EL Wasser, 1 TL Rapsöl und Knoblauchpaste vermischen. Mit 1 Prise Zucker, Salz und Cayennepfeffer würzen. Den Dill waschen, trocken schütteln, hacken und unterrühren. Die Gurke putzen, waschen, in Scheiben schneiden und unterheben. Falls nötig, nochmals nachwürzen.

Die Kartoffeln in Salzwasser garen. Zwiebel schälen, Paprika putzen, waschen und beides in dünne Streifen schneiden. Den grünen Salat in Blätter zupfen, waschen und trocken schütteln. Aus Essig und Öl eine Marinade zubereiten und mit Zwiebeln, Paprika und Kopfsalat vermischen.

Wenn die Kartoffeln weich sind, kann serviert werden. Kartoffeln in eine Schale (oder ein Glas) füllen und mit grobem Salz bestreuen. Die Gurkensahne in eine Schale füllen, den Matjes darüberlegen, den bunten Salat daneben anrichten.

PODCAST GERICHT

WEIẞER SPARGELSALAT MIT ERDBEEREN UND ZUCCHINI

ZUTATEN FÜR 2 PERSONEN:

2 Brötchen
100 g Erdbeeren
150 g weißer Spargel
1 kleine Zucchini
1 Bio-Limette
50 g frischer Babyspinat

AUS DER GRUNDZUTATENLISTE:

Rapsöl
Knoblauchpaste (siehe S. 27)
Salz
Cayennepfeffer
Zucker
Essig

ZUBEREITUNG

Den Backofen auf 180 °C (Umluft) vorheizen.

Die Brötchen fächerartig einschneiden und auf ein Backblech legen, großzügig mit Öl beträufeln und anschließend leicht mit der Knoblauchpaste bestreichen. Mit Salz und Cayennepfeffer bestreuen und im Backofen auf der mittleren Schiene etwa 5 Minuten goldbraun backen.

Die Erdbeeren entstrunken, halbieren und beiseitestellen. Den Spargel schälen, die Zucchini putzen und beides in unterschiedliche Formen schneiden: Spargel längs in Streifen, Zucchini in grobe Schnitze und feine Streifen schneiden (s. S. 34, 50). Die Zucchini-Streifen einrollen und beiseitestellen.

Nun die groben Schnittformen (den längs halbierten Spargel und die groben Zucchinischnitze) bei starker Hitze kurz in der Pfanne rösten und mit Salz, Zucker, Cayennepfeffer und Knoblauchpaste kräftig abschmecken. Die Erdbeeren hinzufügen. Limette waschen, die Schale abreiben und den Saft auspressen. Den Spinat waschen. Die Erdbeeren in die Pfanne geben und alles mit etwas Limettenschale und -saft verfeinern. Den Spinat unterheben. Den Salat auf einem Teller anrichten, die Zucchini-Rollen darauf drapieren. Alles mit etwas Essig beträufeln und zusammen mit den Brötchen servieren.

ZUTATEN FÜR MARIAS VARIANTE ZUM „BUNTEN SPARGELSALAT“ AUF S. 48

MARIAS VARIANTE ZU DEM PODCAST-REZEPT

BUNTER SPARGELSALAT MIT HIMBEEREN UND ZUCCHINI

ZUTATEN FÜR 2 PERSONEN:

300 g grüner Spargel

1 Zucchini

80 g dunkler Quinoa

1 Kopfsalatherz

1 Bio-Limette

100 g Brillat-Savarin (franz. Frischkäse)

ein paar geröstete Mandeln

ein paar Himbeeren

AUS DER GRUNDZUTATENLISTE:

Salz

Zucker

Cayennepfeffer

Knoblauchpaste (siehe S. 27)

Rapsöl

ZUBEREITUNG

Zunächst den Spargel waschen und schälen, den Zucchini waschen und beides in unterschiedliche Formen schneiden: längs in Streifen, in grobe Schnitze und feine Streifen (s. S. 34, 50).

Nebenher die Quinoa in Wasser nach Packungsanweisung kochen und erst danach kräftig abschmecken mit Salz, Zucker, Cayennepfeffer, Knoblauchpaste und einem Spritzer Öl.

Nun die groben Schnittformen (längs halbierten Spargel und die groben Zucchinischnitze) bei starker Hitze kurz in der Pfanne rösten und mit Salz, Zucker, Cayennepfeffer und Knoblauchpaste kräftig abschmecken. Aus der Pfanne nehmen und beiseitestellen.

Den Salat auseinanderzupfen und mit allen feinen Spargel- und Zucchini-Schnittformen in eine Schüssel geben. Mit Salz, Zucker, Cayennepfeffer, Knoblauchpaste, Limettensaft und -schale verfeinern und nach Belieben Öl hinzufügen.

Den marinierten Salat auf den Teller geben. Die angebratenen Spargel- und Zucchinistücke darauflegen. Für die Deko zwei längs halbierte Zucchinistreifen einrollen und darauflegen. Die Quinoa darüberstreuen, Brillat-Savarin darüberbröckeln und die Himbeeren und Mandeln darauf verteilen.

Die Gargeschichte

„DER GESCHMACKS-CLOU BEIM SALAT SIND DIE VERSCHIEDENEN SCHNITTTECHNIKEN UND DIE MISCHUNG AUS ROH UND GEBRATEN."

BEISPIEL: UNSER GRÜNER SPARGELSALAT MIT DEM FRISCHKÄSE BRILLAT-SAVARIN

Maria schneidet grünen Spargel auch anders, als ich das kenne. Sie zerteilt die Stangen in vier Teile, das Teil mit dem Ende schneidet sie in kleine dünne Scheiben, diese gibt sie roh in den Salat. Den Teil mit der Spitze lässt sie ganz und die zwei Mittelteile halbiert sie der Länge nach, gibt sie kurz mit Butter und einem Spritzer Wasser, Cayennepfeffer, Zucker, Salz und ein bisschen Knoblauchpaste in eine Pfanne und lässt sie kurz anbraten. Somit hat man nun rohen und gebratenen Spargel, und das macht nachher beim Salat den unterschiedlichen Geschmack aus.

Überhaupt besteht der Clou bei einem Salat, bei dem man nicht nur mit Tomate, Gurke, Salatblatt, vielleicht noch Paprika hantiert, darin, neben den verschiedenen Schnittformen der Zutaten auch noch einen Teil roh und einen Teil gebraten hinzuzugeben.

DIE PERFEKTE OFENTEMPERATUR

Tja, mein Albtraum.

Bei jedem Rezept suche ich meistens danach, auf welche Temperatur der Ofen eingestellt wird und auf welche Schiene man die Sachen schiebt. Jedes Mal frage ich mich das. Maria verwendet den Ofen auch sehr gerne in der Küche, um das Fleisch weitergaren und ziehen zu lassen. Dabei macht sie gar nicht viel Gewese.

Grundsätzlich, falls nicht etwas anderes verlangt wird, merken Sie sich die Faustregel: 180 °C Heißluft, mittlere Schiene. Damit machen Sie nichts verkehrt und kurz angebratene Fleischstücke, sei es Filet, Hüfte etc. geben Sie acht Minuten in den Ofen, danach schalten Sie ihn aus, öffnen die Tür und lassen das Fleisch im offenen Ofen noch einen Moment ruhen.

180 °C, MITTLERE SCHIENE!!!

PODCAST GERICHT

FELDSALAT MIT POCHIERTEM EI

ZUTATEN FÜR 2 PERSONEN:

Essigessenz

2 Eier

1 EL körniger Senf

Saft von 1 Bio-Zitrone

2 Möhren + 1 Apfel

300 g Feldsalat

100 g Blauschimmelkäse

einige Walnusskerne

etwas Gartenkresse

AUS DER GRUNDZUTATENLISTE:

Salz

Zucker

Cayennepfeffer

Knoblauchpaste (siehe S. 27)

weißer Portwein

Rapsöl

Essig

ZUBEREITUNG

Für die pochierten Eier Wasser (1 l) in einem Topf aufkochen (s. S. 54, 1. Bild) und 2 EL Essigessenz dazugeben. Das Wasser umrühren, sodass ein Strudel entsteht. Die Eier nacheinander aufschlagen (s. S. 54, 2. Bild) und vorsichtig in das kochende Essigwasser gleiten lassen (s. S. 54, 3. Bild), die Hitze reduzieren. Das Wasser soll nicht mehr sprudeln. Die Eier 2 bis 3 Minuten gar ziehen lassen, bis das Eiweiß stockt (s. S. 54, 4. Bild). Die Eier herausnehmen und in eine Schüssel mit kaltem Wasser und 1 Prise Salz geben.

Für das Dressing 30 ml Wasser, 1 TL Salz, 1 EL Zucker, 1 Msp. Cayennepfeffer, 1 Msp. Knoblauchpaste, körnigen Senf, 1 Schuss Portwein, Zitronensaft und 50 ml Rapsöl mit dem Stabmixer zu einer homogenen Vinaigrette verrühren. Nach Geschmack noch etwas Essig hinzufügen.

Die Möhren waschen und ungeschält längs mit dem Sparschäler abschälen, sodass man lange Streifen erhält. Den Apfel waschen, entkernen und in dünne Scheiben oder Würfel schneiden. Den Feldsalat putzen, waschen und trocken schütteln. Den Käse in Stücke schneiden. Die Möhren mit etwas Öl anbraten und mit Salz, Zucker, Cayennepfeffer und Knoblauchpaste kräftig abschmecken. Die Walnüsse kurz mit anrösten. Möhren, Apfel, Feldsalat und Kresse mit etwas Dressing marinieren. Den Käse darübergeben und die Walnüsse daraufstreuen. Die Eier im Salat dekorativ anrichten. Das restliche Dressing nach Belieben dazu reichen.

Das pochierte Ei

„WENN DU EIN HUHN HAST, WAS NICHT RICHTIG BOCK HAT, DANN LEGT DAS AUCH MAL EIN KLEINES EI."

Haben Sie schon mal ein pochiertes Ei gemacht? Ich hab's einmal versucht und es ist mir misslungen, weil ich nicht wusste, wie es richtig geht. Aber seit Maria weiß ich nun: nimm Essigessenz und keinen Essig! Diese ist einfach viel stärker und man kann sich einfach merken: circa zwei Esslöffel davon auf einen Liter Wasser. Außerdem ist Essigessenz im Haushalt sowieso perfekt, denn damit kann man hervorragend putzen.

Kochen Sie das Essigwasser auf und schalten Sie dann zurück, sodass es simmert. Nun schlagen Sie das Ei am Topfrand auf und lassen es vorsichtig ins Wasser gleiten. Jetzt circa fünf Minuten, so wie beim weichen Ei, im siedenden Essigwasser lassen, danach mit einem Schöpfer herausholen. Ein Gedicht!

Das Tolle ist, es ist wieder einmal eine andere Art des Ei-Geschmacks. Man vernachlässigt die pochierten Eier viel zu sehr, weil man denkt, es ist kompliziert, dabei sind sie am einfachsten zuzubereiten. Denn wenn man sich nicht sicher ist über die Garstufe, hebt man es einfach beim Quellen aus dem Wasser und fühlt mit dem Finger. Mit dem pochierten Ei können Sie alles machen: einfach auf ein Butterbrot legen und mit Salz bestreuen, auf einen Feldsalat geben mit etwas Speck obendrauf. Auch Senfeier sind herrlich und dabei bekommen Sie auch keinen Stress, denn wenn der Rest noch nicht fertig ist, tauchen Sie das pochierte Ei vor dem Servieren noch einmal ganz kurz in das Essigwasser – et voilà –, schon ist es wieder schön heiß. Man kann es auch so lange im Essigwasser lassen, bis der Eidotter fast hart ist. Danach einfach aufschneiden und man hat ein hartes Ei zum Garnieren. Aber durch das Essigwasser schmeckt auch das Eiweiß nach irgendwas …

EIER POCHIEREN

Das Wichtigste für das Gelingen sind frische Eier. Einen Topf mit reichlich Wasser zum Kochen bringen (1.). Dann einen guten Schluck Essigessenz hinein. Das ist die sogenannte Gelinggarantie! Das Ei am Topfrand aufschlagen (2.) und zügig ins siedende Essigwasser hineingleiten lassen (3.). Je nach Gargrad drei Minuten warten. Das Eiweiß legt sich wie ein Schal sanft um das Eigelb (4.). Dafür braucht es keinerlei Hokuspokus, wie es allzu oft behauptet wird. Pochierte Eier sind keine Wissenschaft, sondern simples Handwerk. Anschließend das Ei mit einer Schaumkelle aus dem Essigwasser nehmen und es in ein vorbereitetes, kaltes Wasserbad mit 1 guten Prise Salz legen. So wird der bissige Essiggeschmack abgespült und das Ei ist für die weitere Verwendung vorbereitet.

1.

2.

3.

4.

KALTES GURKENSÜPPCHEN

ZUTATEN FÜR 2 PERSONEN:

50 g Petersilie
1 Limette
1 Salatgurke
50 g Koriander
50 g Minze
1 mittelgroße Ingwerknolle
1 Chilischote
Essigessenz

AUS DER GRUNDZUTATENLISTE:

Salz
Zucker
Knoblauchpaste (siehe S. 27)

ZUBEREITUNG

Petersilie mit Stielen 30 Sekunden in kochendem Salzwasser blanchieren und in kaltem Wasser abschrecken. Danach wie ein Handtuch auswringen, sodass man einen Ball erhält. Diesen nehmen wir zum Färben der Suppe. Limette waschen, trocken tupfen, die Schale abreiben und den -saft auspressen.

Gurke putzen, waschen und in Stücke schneiden. Die restlichen Kräuter waschen, trocken schütteln und hacken. Ingwer in grobe Scheiben schneiden. Alles mit etwas Chili in einen Mixer geben. Limettenschale, -saft und 1 kleinen Schuss Essigessenz sowie den blanchierten Petersilienball dazugeben.

Kräftig mit Salz, Zucker und Knoblauchpaste würzen. Einen Schuss Wasser hinzufügen und alles einige Minuten mixen, bis eine homogene Masse entsteht. Nochmals abschmecken und eiskalt servieren. Das Süppchen entweder in ein geeistes Glas geben oder vor dem Servieren kurz in den Kühlschrank stellen. Nach Belieben mit dünnen Gurkenscheiben und Minze garnieren.

PODCAST GERICHT

POTPOURRI DER FREUDE – BROTSALAT

ZUTATEN FÜR 2 PERSONEN:

1 Kopfsalatherz
1 kleines Stück Ingwer
20 g frische Minze
100 g Spargel
1 große Tomate
1 mittelgroße Möhre
1 kleine rote Zwiebel
50 g frische Erbsen
30 g Rettich + 2 Radieschen
1 kleiner Apfel + 50 g Weintrauben
200 g Brot (vom Vortag)
1 Bio-Limette

AUS DER GRUNDZUTATENLISTE:

Olivenöl
Salz
Zucker
Cayennepfeffer
Knoblauchpaste (siehe S. 27)
Essig

ZUBEREITUNG

Salat grob auseinanderzupfen, in eine Schüssel geben, den Ingwer drüberreiben. Die Minze grob hacken. Beides beiseitestellen.

Das ganze Gemüse und Obst in die gewünschte Form schneiden. Auch das Brot in grobe Würfel schneiden.

Die Brotwürfel mit Olivenöl anrösten, bis sie richtig knusprig sind. Etwas Salz darübergeben und auf ein Küchentuch legen, damit das Öl abtropfen kann.

Möhre, Erbsen, Rettich und Radieschen in der Pfanne anbraten und mit Salz, Zucker, Cayennepfeffer und Knoblauchpaste „überwürzen". Zunächst die Zwiebel, danach Spargel, Tomaten, Apfel, Weintrauben und den Salat hinzufügen und kurz mit anbraten. Anschließend den Pfanneninhalt in eine Schüssel füllen und alles miteinander vermischen. Mit Essig, Limettenschale und -saft und Minze verfeinern und erst jetzt die gerösteten Brotwürfel unterheben.

ZUTATEN FÜR MARIAS VARIANTE „BROTSALAT À LA BACHSTELZE“ AUF S. 60

BROTSALAT À LA BACHSTELZE

ZUTATEN FÜR 2 PERSONEN:

1 kleines Salatherz
50 g grüne Bohnen
etwas Salatgurke
1 rote Zwiebel
einige Zuckerschoten
1 Apfel + einige Weintrauben
1 Tomate + 1 Zitrone
Pilze nach Belieben
(z. B. Champignons, Kräuterseitling)
etwas Roggenbrot (vom Vortag
oder frisch)
Minze

AUS DER GRUNDZUTATENLISTE:

Olivenöl
Salz
Zucker
Cayennepfeffer
Knoblauchpaste (siehe S. 27)
Essig

ZUBEREITUNG

Zunächst das ganze Gemüse und Obst putzen, waschen und in die gewünschte Form schneiden. Die Zitrone waschen, trocken reiben, die Schale abreiben und die Zitrone auspressen. Die Pilze putzen und klein schneiden. Auch das Brot in grobe Würfel schneiden. Je nachdem welcher Gargrad bei den verschiedenen Gemüsearten benötigt wird (die Bohnen brauchen z. B. länger als die Tomate), kommt das Gemüse dann in die Pfanne.

Die Brotwürfel in einer Pfanne mit Olivenöl anrösten, bis sie richtig knusprig sind. Mit Salz würzen und auf Küchenpapier abtropfen lassen.

Die Pilze in einer zweiten Pfanne in Öl anbraten. Mit reichlich Salz, Zucker, Cayennepfeffer und Knoblauchpaste „überwürzen". Die Bohnen hinzufügen, mit etwas Wasser ablöschen. Wenn das Wasser verdampft ist, zunächst die Zwiebel in die Pfanne geben und dann alle anderen Zutaten hinzu, die man auch roh essen kann. Salat, Tomaten, Gurken, Zuckerschoten, Apfel und Trauben. Alles noch mal mit Zucker, Salz, Cayennepfeffer und etwas Knoblauchpaste würzen. Mit Essig, Zitronenschale und -saft alles verfeinern und erst jetzt die gerösteten Brotwürfel unterheben. Mit frischer Minze garnieren.

MARIAS VARIANTE ZU DEM PODCAST-REZEPT

*Das Rezept lebt von seiner Vielfalt.
Ihr könnt grundsätzlich alles verwenden, was ihr möchtet. Was nicht fehlen darf, ist das Brot (natürlich).
Die Mengen variieren nach persönlichem Geschmack und was der Kühlschrank noch hergibt.*

PODCAST GERICHT

CEVICHE MIT LACHSFORELLE

ZUTATEN FÜR 2 PERSONEN:

200 g Lachsforellenfilet

1 süßlicher Apfel

¼ Salatgurke

10 Zuckerschoten

etwas frischer Koriander

1 Bio-Zitrone

1 Bio-Limette

AUS DER GRUNDZUTATENLISTE:

Salz

Zucker

Cayennepfeffer

ZUBEREITUNG

Die Forellenfilets in 1 bis 2 cm grobe Stücke schneiden. Apfel und Gurke waschen, entkernen und in kleine Würfel schneiden. Die Zuckerschoten waschen, putzen und in dünne Streifen schneiden. Den Koriander waschen, trocken schütteln und klein hacken. Zitrone und Limette waschen, trocken reiben, die Schale abreiben und den Saft auspressen.

Die Forellenstücke mit Limetten- und Zitronenschale gründlich bedecken und anschließend mit dem Zitrussaft marinieren. Nun nach Gusto Salz, Zucker und Cayennepfeffer dazugeben und unterrühren. Im Kühlschrank etwa 10 Minuten ziehen lassen. Dann die restlichen Zutaten, Apfel, Gurke, Zuckerschoten und Koriander, hinzufügen und alles miteinander vermischen. Falls nötig, noch mal abschmecken. Wenn zur Hand, ein paar essbare Blüten darübergeben und servieren.

HINWEIS: Im Podcast Folge 15 macht Maria Ceviche mit einer Fjordforelle. Grundsätzlich kann bei diesem Gericht aber jeder Fisch verwendet werden.

NICHT NUR WAS FÜRS AUGE: ESSBARE BLÜTEN BETÖREN DIE SINNE AUCH MIT IHREM DUFT.

MUT ZU SCHÖNHEITSFEHLERN: FÜR DIESEN SALAT KAUFEN SIE AM BESTEN EINE PACKUNG WUNDERLINGE, ALSO EIN POTPOURRI AUS SCHALEN-TOMATEN MIT KLEINEN MAKELN

BUNTER TOMATENSALAT MIT BURRATA

ZUTATEN FÜR 2 PERSONEN:

600 g bunte Tomaten (rot, gelb, grün)
50 g Basilikum
50 g Petersilie
50 g Koriander
1 Bio-Zitrone
1 grüne Chilischote
1 grüne Paprikaschote
1 Stück Ingwer
1 Burrata

AUS DER GRUNDZUTATENLISTE:

Salz
Zucker
Cayennepfeffer
Olivenöl

ZUBEREITUNG

Dieser Salat lebt von der Einfachheit seiner Vielfalt. Die Tomaten waschen und in unterschiedliche Formen schneiden: Stifte, Rauten, halbiert, geviertelt. Die Kräuter waschen, trocken schütteln und bis auf ein Viertel für die Deko klein hacken. Die Tomaten auf einem Teller auslegen und mit den gehackten Kräutern bestreuen. Großzügig mit Salz, Zucker und Cayennepfeffer würzen und einmal vermischen.

Zitrone waschen, trocken reiben, die Schale abreiben und den Saft auspressen. Chilischote und Paprika waschen und hacken. Beides auf die Tomaten geben. Mit einer feinen Reibe etwas Ingwer darüberreiben. Die Burrata obendrauf legen. Die restlichen Kräuter darüberzupfen. Zitronenschale und -saft sowie Olivenöl darüberträufeln.

PODCAST GERICHT

ZUCCHINI-QUICHE MIT LAUWARMEM SALAT UND HIMBEEREN

ZUTATEN FÜR 2 PERSONEN:

200 g Mehl + 2 Eier
2 Frühlingszwiebeln
200 g körniger Frischkäse
20 g frischer Thymian
1 mittelgroße Zucchini
1 Bio-Limette
50 g Himbeeren

AUS DER GRUNDZUTATENLISTE:

Butter
Salz
Zucker
Muskatnuss
Cayennepfeffer
Knoblauchpaste (siehe S. 27)
Sahne

ZUBEREITUNG

Für den Teig das Mehl, 2 EL Butter und jeweils 1 gute Prise Salz und Zucker in eine Schüssel geben. Die Muskatnuss darüberreiben. 1 Ei trennen, das Eigelb hinzugeben und alles verrühren. Den Teig mit den Händen durchkneten. Sollte es an Flüssigkeit fehlen, kann man noch das Eiweiß hinzufügen oder ein wenig Öl. Den Backofen auf 180 °C (Umluft) vorheizen. Den Mürbeteig ausrollen. Hierfür den Teig auf ein Stück Backpapier bröseln, ein zweites Stück Backpapier darüberlegen und mit dem Nudelholz ausrollen. Anschließend einen kleinen Tortenring (oder zwei Ausstechformen mit etwa 10 cm Durchmesser) mit Butter ausfetten und durch den Zucker ziehen. Das obere Backpapier abziehen und den Boden für die Form ausstechen. Für die Ränder den Teig samt unterem Backpapier in Streifen schneiden. Die Streifen als Rand in die Form drücken und das Backpapier, an dem zuvor der Teig haftete, abziehen.

Die Teigreste, die noch übrig geblieben sind, zerbröseln und für die Dekoration zur Seite legen. Die Teigformen 5 Minuten in den Backofen geben, je nachdem wie dick/dünn der Teig ausgerollt ist.

Für die Füllung den vorderen weißen Teil der Frühlingszwiebeln in kleine Ringe schneiden. In einer erhitzten Pfanne 1 Flocke Butter schmelzen und die Zwiebelringe darin andünsten. Den hinteren grünen Teil der Zwiebeln in kleine dünne Streifen schneiden. Die Hälfte davon zu den Ringen in die Pfanne geben. Mit Salz, Zucker und Cayennepfeffer überwürzen und alles bei mittlerer Hitze kurz anschwitzen und dann beiseitestellen.

Den Frischkäse, 1 Ei, Salz, einen Hauch Zucker, Cayennepfeffer, Knoblauchpaste und einen Schluck Sahne in eine Schüssel füllen und kräftig umrühren. Den Thymian klein schneiden und mit in die Frischkäsepaste hineingeben. Die Zucchini halbieren und eine Hälfte mit dem Sparschäler längst herunterschälen, sodass lange Zucchinistreifen entstehen.

Den angebackenen Teig aus dem Backofen nehmen und die Hälfte der Frischkäsepaste in die Form füllen. Die ansautierten Zwiebeln darauf verteilen und anschließend mit der restlichen Frischkäsepaste bedecken.

Die Zucchinistreifen zu Fächern zusammenrollen. Es sieht dann von oben aus wie eine Spirale. Die Zucchinispiralen auf die Quiche setzen und die beiseitegelegten Teigkrümel darauf verteilen. Die Quiche etwa 15 Minuten bei 200 °C im Backofen garen. Die zweite Hälfte der Zucchini ebenfalls mit dem Sparschäler in Streifen schälen.

1 Flocke Butter in der Pfanne erhitzen und die restlichen grünen Frühlingszwiebeln und die Zucchinistreifen darin ganz kurz anbraten. Kräftig mit Salz, Zucker und Cayennepfeffer würzen und dann beiseitestellen.

Die fertige Quiche vor dem Herauslösen aus der Form etwas abkühlen lassen. In der Zwischenzeit den Salat anrichten. Dafür die ansautierten Zwiebeln und Zucchini auf einen Teller geben. Limettenschale und -saft darübergeben und mit Himbeeren garnieren. Die Quiche daneben auf den Teller setzen.

ZUCCHINI-QUICHE MIT FETA UND BROMBEEREN

ZUTATEN FÜR 2 PERSONEN:

150 g Mehl
1 Ei
1 Eigelb
1 Zucchini
ein paar Brombeeren
50 g Feta
Gartenkresse
1 Bio-Zitrone

AUS DER GRUNDZUTATENLISTE:

Butter
Salz
Zucker
Muskatnuss
Rapsöl
Sahne
Cayennepfeffer
Knoblauchpaste (siehe S. 27)

ZUBEREITUNG

Als Erstes bereiten wir den Teig vor. Dafür Mehl, 2 EL Butter und jeweils 1 gute Prise Salz und Zucker in eine Schüssel geben. Muskatnuss darüberreiben. Das Ei trennen und das Eigelb hinzufügen. Alles miteinander verrühren.

Den Teig mit den Händen durchkneten. Am Anfang ist er noch ein bisschen bröckelig. Sollte es an Flüssigkeit fehlen, das restliche Eiweiß oder ein wenig Öl hinzufügen. Den Backofen auf 180 °C (Umluft) vorheizen. Ein Stück Backpapier auslegen und die Teigbrösel daraufgeben. Eine zweite Lage Backpapier darüberlegen. Den Teig über dem Backpapier mit dem Nudelholz dünn ausrollen. Die oberste Lage Backpapier entfernen.

Einen kleinen Tortenring (oder zwei Ausstechformen mit etwa 10 cm Durchmesser) mit Butter innen einfetten und durch Zucker ziehen. Den Boden für die Form ausstechen. Für die Ränder den Teig samt unterem Backpapier in Streifen schneiden. Die Streifen in die Form drücken und das Backpapier abziehen. Den restlichen Teig wieder zwischen Backpapier ausrollen und den Teig wie beschrieben in Form bringen. Auf diese Weise den ganzen Teig verarbeiten. Übrig gebliebene Teigkrümel zerbröseln und für die Deko beiseitelegen. Den Teig in den Formen auf einem Backblech im Ofen etwa 5 Minuten zusammen mit den Teigbröseln auf Backpapier backen.
Den Backofen auf 150 °C herunterschalten.

MARIAS VARIANTE ZU DEM PODCAST-REZEPT

Für die Füllung 50 g Sahne mit dem Eigelb und 1 TL Mehl vermischen. Das Ganze mit Zucker, Salz, Cayennepfeffer und Knoblauchpaste kräftig würzen. Die Zucchini waschen, putzen, halbieren und der Länge nach mit dem Sparschäler Streifen abziehen. Die Streifen (siehe Foto) zusammenrollen, sodass sie wie eine Spirale aussehen, und in die gebackenen Teige stellen. Mit der Eigelb-Sahne-Mischung übergießen.

Die Quiches im Ofen etwa 15 Minuten backen. Zum Servieren die gebackenen Teigbrösel darüberstreuen. Die Brombeeren im Ganzen und halbiert mit dem zerbröckelten Feta auf den Quiches anrichten. Für die Würze mit Gartenkresse dekorieren und für die Frische Zitronenschale darüberreiben.

GEBACKENE AUBERGINEN MIT BROT

ZUTATEN FÜR 2 PERSONEN:

500 g unterschiedliche Auberginen
(violett, weiß; länglich, oval)
etwas Minze
etwas Bohnenkraut
1 Chilischote
1 Bio-Limette
2 Scheiben Graubrot
2 Tomaten
etwas Ingwer

AUS DER GRUNDZUTATENLISTE:

Salz
Zucker
Cayennepfeffer
Knoblauchpaste (siehe S. 27)
Olivenöl

ZUBEREITUNG

Den Backofen auf 220 °C vorheizen. Die Auberginen waschen und der Länge nach halbieren. Das Fruchtfleisch mit einem Messer einritzen. Nun die Auberginen auf der Fleischseite kräftig mit Salz, Zucker, Cayennepfeffer und Knoblauchpaste würzen. Mit der Hautseite nach oben auf ein Blech legen und großzügig mit Olivenöl übergießen. 10 Minuten im Backofen garen. Falls nötig, je nach Größe weitere 10 Minuten bei 150 °C ziehen lassen.

Minze und Bohnenkraut waschen, trocken tupfen und die Blätter von den Stielen zupfen. Chilischote putzen, waschen und klein hacken. Limette waschen, trocken reiben, die Schale abreiben und den Saft auspressen. Das Brot in der Pfanne mit etwas Öl goldgelb rösten. Wer mag, verfeinert mit Salz und etwas Knoblauchpaste.

Tomaten waschen und 1 Tomate in dicke Scheiben schneiden und diese kurz bei starker Hitze in einer Pfanne anrösten. Mit Salz und Cayennepfeffer würzen.

Die gegarten Auberginen mit etwas geriebenem Ingwer verfeinern. Limettenschale und -saft darübergeben. Die gerösteten Tomaten und die frischen Minzeblätter auf den Auberginen drapieren und mit grobem Salz bestreuen. Die zweite Tomate halbieren und den Saft mit der Hand über den Auberginen auspressen. Das geröstete Brot mit gezupftem Bohnenkraut daneben anrichten. Heiß servieren.

Vegetarisches

Fleischlos glücklich – oder? Unsere raffinierten Kreationen wie Graupenrisotto oder Kartoffelplätzchen sind genauso knackig und unverschämt lecker wie wir - einfach zum Anbeißen!

KARTOFFEL-LAUCH-GRATIN

ZUTATEN FÜR 2 PERSONEN:

1 Stange Lauch

4 mehligkochende Kartoffeln

1 EL körniger Senf

100 g Gruyère (24 Monate gereift)

AUS DER GRUNDZUTATENLISTE:

Sahne

Salz

Cayennepfeffer

Knoblauchpaste (siehe S. 27)

Muskatnuss

ZUBEREITUNG

Den Backofen auf 180 °C vorheizen. Den Lauch putzen, waschen und in dünne Streifen schneiden. Kartoffeln schälen, waschen und in gleichmäßig dünne Scheiben schneiden.

150 g Sahne in einem Topf zum Kochen bringen und kräftig mit Salz, Cayennepfeffer, Knoblauchpaste und Muskatnuss „überwürzen“. Den Senf unterrühren.

Abwechselnd Lauch und Kartoffeln in eine Gratinform schichten. Nun die „überwürzte“ Senfsahne darübergießen und den Käse darüberreiben. Das Gratin etwa 40 Minuten im Ofen backen. Fertig!

PILZE MÖGEN KEIN WASSER, DA VERLIEREN SIE AN GESCHMACK. DESHALB NICHT WASCHEN!

PILZ-GNOCCHI

ZUTATEN FÜR 2 PERSONEN:

500 g mehligkochende Kartoffeln
1 Eigelb
80 g Mehl
300 g Pilze (z. B. Kräuterseitlinge, Champignons, Buchenpilze)

AUS DER GRUNDZUTATENLISTE:

Salz
Muskatnuss
Cayennepfeffer
Rapsöl
Zucker
Knoblauchpaste (siehe S. 27)
dunkler Portwein
Ketjap Manis
Sahne

ZUBEREITUNG

Kartoffeln mit Schale in Salzwasser garen und anschließend gut ausdämpfen lassen. Vorsichtig schälen und durch die Kartoffelpresse drücken. Eigelb und Mehl dazugeben und zu einem klebrigen Teig verarbeiten. Mit etwas Salz, Muskatnuss und Cayennepfeffer würzen. Die Arbeitsfläche etwas mit Mehl bestäuben und darauf den Teig in 3 Teile portionieren. Danach alle 3 Stücke längs zu einer langen, dünnen Stange rollen. Die Gnocchi in der gewünschten Größe abstechen und in der Pfanne mit etwas Öl goldgelb ausbacken.

Die Pilze klein schneiden und in einer zweiten Pfanne in Öl anbraten und danach kräftig mit Salz, Zucker, Cayennepfeffer und Knoblauchpaste würzen. Mit etwas dunklem Portwein aufgießen und ein paar Tropfen Ketjap Manis dazugeben. 70 g Sahne hinzufügen und alles einkochen lassen.

Beides zusammen in einer Schale servieren. Wer es richtig cool mag, streut einfach noch ein paar rohe Minipilze darauf.

Kulinarisches Interview

Hat der Podcast was verändert? Elena, kochst du jetzt anders?

Ja, ich koche nur noch mit Knoblauchpaste und Cayennepfeffer und habe jetzt gutes Salz zu Hause. Und ich ziehe Saucen schneller und traue mich, die Pfanne heißer zu machen. Und vom Herd zu nehmen!

Maria, weißt du jetzt mehr über das Kochen und dich?

Schon, ja. Mir ist klarer geworden, wie wichtig es ist, dass wir Köche den Leuten zeigen: Gutes Essen zuzubereiten ist einfach. Die Menschen sollten diese Ehrfurcht abbauen. Mit wenigen Handgriffen können wir frische und gute Gerichte kochen, bei denen wir bewusst die Zutatenliste reduzieren können und der Aufwand möglichst gering ist. Auch wenn Reste übrig bleiben, müssen wir als Handwerker zeigen, wie man daraus ein neues Gericht kreieren kann.

Das Schlimmste, was ihr mal „angerichtet" habt, war…

Maria: Es gibt immer was, was echt nicht optimal ist. Zum Beispiel die Farbe von einer Creme mit frischem blanchiertem Spinat. Die ist dann richtig grün. Wenn man aber vergisst, sie dunkel zu stellen, wird sie grau. Grundsätzlich gilt: Versaut ist versaut.

Elena: Bei mir gibt's nichts Schlimmes. Maria hat mal meine Mehlschwitze gerettet, weil sie sie vom Herd gezogen hat .

Welches ist das einfachste Rezept, das ihr kennt?

Maria: Ein Tassenrezept von meiner Oma für einen Kuchen. Wer das kennt, braucht keine komplizierten Kuchen mehr.

Elena: Nudeln mit Butter oder Butterbrot mit Salz.

Ab morgen für immer ...

... lieber ohne Herd oder Lieblingsmesser?

Elena: Ohne Lieblingsmesser

Maria: Ohne Herd

... nie mehr Essen riechen oder nie mehr Essen sehen können?

Elena: Nie mehr Essen sehen

Maria: Ich bin hin- und hergerissen, ich würde ungern auf eines verzichten, das ist ein Zusammenspiel der Sinne.

... lieber Trüffel oder Kaviar?

Elena: Ähm ... Kaviar

Maria: Trüffel

lieber Low Carb oder vegan?

Maria: Lieber vegan.

Elena: Neee ... lieber Low Carb.

... lieber tolle Optik oder mega Geschmack?

Maria: Geschmack. Ganz klar, Geschmack.

Elena: Mega Geschmack!

Gibt es eine Angewohnheit in der Küche, wo andere denken, ihr habt sie nicht mehr alle?

Maria: Oh ja. An den sogenannten „Pass“ (eine Ablage, auf der die Speisen angerichtet und anschließend vom Service aufgenommen werden, um sie dem Gast zu servieren), auf dem ich anrichte und koche, wo der ganze Klimbim steht, an den darf keiner dran! Da bin ich total empfindlich.

Elena: Nein, eigentlich nicht.

Kocht ihr besser, wenn ihr gute Laune habt?

Maria: Auf jeden Fall! Als Profi muss man schlechte Laune immer verbergen. Mit Harmonie im Team läuft es runder und ist für das Produkt am Ende auch besser.

Elena: Ich bin oft wegen der Kinder beim Kochen gestresst, dadurch gibt es kein besser oder schlechter.

Für welches Gericht bekommt ihr das meiste Lob?

Maria: Als Koch kann man das nicht eingrenzen, das muss man den anderen überlassen. Ich werde aber viel gelobt für meine „naturbelassene Küche", die nach dem Motto geht: Was man auf dem Teller hat, schmeckt man auch.

Elena: Ich bin bekannt für meine Bolognese – sogar über die Landesgrenzen hinweg! „Wenn ich an deine Bolo denke ...", sagte letztens ein alter Bekannter zu mir am Telefon, der vor 22 Jahren meine Bolognese gegessen hat.

Wenn ihr ein 3-Gänge-Menü wärt, welche Vorspeise, Hauptspeise oder welcher Nachtisch wärt ihr dann?

Elena: Ein Ölteller mit frischem Brot und grobem Salz, als Hauptspeise Bolognese mit Parmesan und geriebener Gouda als Topping und ein kleiner Beilagensalat. Zum Schluss noch ein Pfannkuchen mit selbst gemachter Marillenmarmelade.

Maria: Vorweg ein geiler Salat, ein richtig scharf angebratenes Steak, Entrecôte, dann Crème brûlée nur mit Sahne, Eigelb, Zucker und echter Vanille. Wenn es warm ist draußen, auch gerne kalt.

Welches Gewürz beschreibt dich am besten?

Maria: Salz! Also, Flocken. Salz würde mir auch am meisten fehlen. Wenn man eines auf der Welt braucht zum Kochen, dann Salz.

Elena: Hmmm ... ich auch Salz.

„ICH FIND,
WIR SIND GUT EINGESPIELT“
„STIMMT.
DU BIST GUT EINGESPIELT
UND ICH STEHE DANEBEN.“

GRAUPENRISOTTO MIT APRIKOSE

ZUTATEN FÜR 2 PERSONEN:

100 g Perlgraupen
25 g Kurkumapulver
3 Aprikosen
1 Zweig Rosmarin
1 Chilischote
1 Bio-Limette

AUS DER GRUNDZUTATENLISTE:

kalte Butter
Salz
Zucker
Cayennepfeffer
Knoblauchpaste (siehe S. 27)
weißer Portwein

ZUBEREITUNG

Die Graupen in einen großen Topf mit 1 l kaltem Wasser geben. Kurkuma hinzufügen. Das Wasser zum Kochen bringen und die Graupen nach Packungsanweisung garen. In ein Lochsieb abgießen und zurück in den Topf geben. Bei kleiner Hitze nun 50 g kalte Butterwürfel unterrühren und die Graupen kräftig mit Salz, Zucker Cayennepfeffer und 1 Msp. Knoblauchpaste abschmecken. Den Topf beiseitestellen und die Graupen quellen lassen.

Die Aprikosen waschen, halbieren und entkernen. In einer Pfanne bei starker Hitze mit 1 Flocke Butter anbraten. Zum Schluss den gezupften Rosmarin und etwas gehackte Chilischote dazugeben. Die Aprikosen mit 1 Prise Zucker karamellisieren.

Limette waschen, trocken reiben, die Schale abreiben und den Saft auspressen. Nun das Risotto nochmals umrühren und einen Schuss weißen Portwein hinzufügen. Limettensaft und -schale unter das Risotto rühren. Das Risotto in einer Schale anrichten und die karamellisierten Aprikosen mit Rosmarin darübergeben.

„MARIA,
MUSS ICH WASSER RANMACHEN
AN DIE PERLGRAUPEN?“

„ACH,
WENN DU MICH
SO FRAGST …“

KARTOFFELPLÄTZCHEN MIT PESTO

ZUTATEN FÜR 2 PERSONEN:

3 mehligkochende Kartoffeln
2–3 Eigelb + 1 EL Mehl
20 g Mandeln
20 g Walnusskerne
20 g grobe Semmelbrösel
1 Ringelbete + 1 Zitrone
30 g Parmesan
100 g Feldsalat

AUS DER GRUNDZUTATENLISTE:

Salz
Cayennepfeffer
Knoblauchpaste (siehe S. 27)
Muskatnuss
Butter
Rapsöl
Zucker

ZUBEREITUNG

Kartoffeln mit Schale in Salzwasser kochen. Anschließend gut ausdämpfen lassen. Nun die Kartoffeln vorsichtig schälen und durch eine Kartoffelpresse drücken. Die Eigelbe hinzufügen. Die Masse kräftig mit Salz, Cayennepfeffer, Knoblauchpaste und Muskatnuss würzen. Mit Mehl abbinden, damit eine klebrige, feste Masse entsteht. Aus dem Teig mithilfe einer runden Ausstechform etwa 2 cm dicke Plätzchen ausstechen und in einer Pfanne mit 1 Flocke Butter goldgelb ausbacken.

Den Backofen auf 180 °C vorheizen. Mandeln, Nüsse und Semmelbrösel auf ein Backblech geben und 5 Minuten im Ofen anrösten. Die Ringelbete putzen, waschen und in dünne Scheiben schneiden, mit etwas Zitronensaft und Rapsöl marinieren. Mit etwas Salz, Zucker und Cayennepfeffer würzen.

Für die Dekoration ein paar Nüsse und etwas Parmesan beiseitelegen. Den Feldsalat waschen, trocken schütteln und mit 1 guten Prise Salz, Zucker, Cayennepfeffer und Knoblauchpaste, den Nüssen, den Semmelbröseln und dem Käse zu einem Pesto mixen. Falls nötig, einen Schuss Öl untermixen.

Jetzt richten wir an: Auf einem Teller die Ringelbete in Scheiben wie ein Carpaccio auslegen. 3 Scheiben Ringelbete zu Pyramiden eindrehen und gleichmäßig auf dem Teller verteilen. Die Plätzchen daneben drapieren und darüber etwas Pesto verteilen. Mit den restlichen Nüssen und Parmesan in Spänen bestreuen.

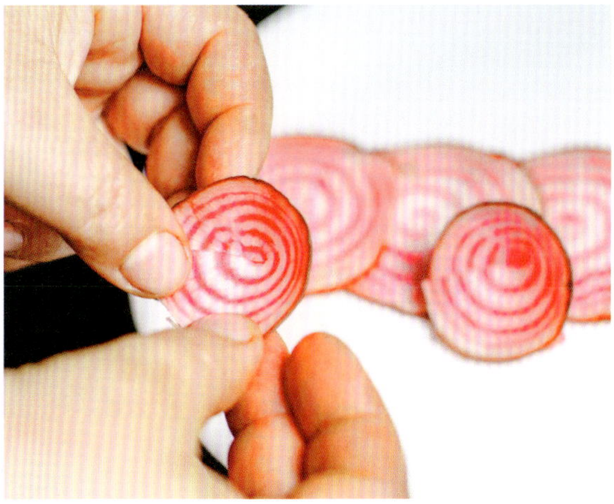

Fleisch und Fisch

Hier wird ordentlich gebraten, gegart und gegrillt. Zum Beispiel saftige Filetstücke, knusprige Lachsforellen und deftiges Wildfleisch. Dazu gibt's eine ordentliche Prise Profi-Tricks für mehr Gelassenheit am Herd.

PODCAST GERICHT

GESCHNETZELTES MIT PILZEN UND KÜRBISKERNEN

ZUTATEN FÜR 2 PERSONEN:

1 rote Zwiebel
3 Kräuterseitlinge
1 kleiner Hokkaidokürbis
300 g Schweinefilet
1 Zweig Rosmarin
30 g Kürbiskerne

AUS DER GRUNDZUTATENLISTE:

Butter
Salz
Zucker
Cayennepfeffer
Knoblauchpaste (siehe S. 27)
Muskatnuss
dunkler Portwein
Ketjap Manis

ZUBEREITUNG

Die Zwiebel schälen und in Streifen schneiden. Die Pilze der Länge nach in Scheiben schneiden. Kürbis waschen, putzen, halbieren, entkernen und in kleine Halbmondsicheln schneiden. Schweinefilet in grobe Streifen schneiden.

Kürbisspalten in etwas Butter goldgelb anbraten. Etwas Wasser aufgießen, damit der Garpunkt schneller erreicht wird, und das Wasser verdampfen lassen. 1 Flocke Butter und die Pilze hinzufügen und goldgelb anbraten. Alles kräftig mit Salz, Zucker, Cayennepfeffer, Knoblauchpaste und Muskatnuss würzen.

Nun muss alles schnell gehen: Bei großer Hitze das Schweinefilet und den Rosmarin dazugeben, etwas salzen, mit dunklem Portwein ablöschen, 1 Spritzer Ketjap Manis hinzufügen und ein paar kalte Butterwürfel unterrühren, sodass eine sämige Sauce entsteht. Die Kürbiskerne in einer Pfanne ohne Fett anrösten und über das Geschnetzelte streuen. Sofort heiß servieren.

PODCAST GERICHT

REHFILET MIT APFEL UND ZWEIERLEI VOM SELLERIE

ZUTATEN FÜR 2 PERSONEN:

400 g Bio-Knollensellerie
2 Äpfel
350 g Rehfilet
1 Zweig Rosmarin

AUS DER GRUNDZUTATENLISTE:

Butter
Salz
Zucker
Cayennepfeffer
Muskatnuss
Olivenöl
Knoblauchpaste (siehe S. 27)
Sahne
Portwein

ZUBEREITUNG

Den Sellerie putzen und halbieren, eine Hälfte in Würfel schneiden, die andere Hälfte reiben.

Eine Pfanne erhitzen und die Selleriewürfel mit Butter anbraten. Salz, Zucker, Cayennepfeffer und Muskatnuss dazugeben. Alles mit 6 EL Wasser aufgießen und garen lassen.

Die Äpfel waschen. 1 Apfel reiben und mit dem geriebenen Sellerie vermengen. Salz, Zucker, Olivenöl, Cayennepfeffer und 1 Msp. Knoblauchpaste hinzugeben und ziehen lassen. Den zweiten Apfel in Würfel schneiden und beiseitestellen.

Butter in eine heiße Pfanne geben und das Rehfilet darin von beiden Seiten kurz kross anbraten. Anschließend die Pfanne vom Herd nehmen, den Rosmarin drüberstreuen und garen lassen.

1 Schuss Sahne und 2 EL Portwein zum Sellerie geben und einkochen lassen. Apfel-Sellerie-Salat mit dem Rehfilet auf einem Teller anrichten, die gegarten Selleriewürfel hinzufügen und die Apfelwürfelchen über das Filet streuen.

ZUTATEN FÜR MARIAS VARIANTE „REH MIT SPITZ-KOHL UND TRAUBEN“ AUF S. 92

MARIAS VARIANTE ZU DEM PODCAST-REZEPT

REH MIT SPITZKOHL UND TRAUBEN

ZUTATEN FÜR 2 PERSONEN:

300 g mehligkochende Kartoffeln

Kurkumapulver

400 g Rehrücken

½ Spitzkohl

1 kleine Dolde helle Weintrauben

AUS DER GRUNDZUTATENLISTE:

Salz

Butter

Muskatnuss

Madeira

Ketjap Manis

Zucker

Cayennepfeffer

Knoblauchpaste (siehe S. 27)

ZUBEREITUNG

Den Backofen auf 180 °C vorheizen. Die Kartoffeln schälen und in Salzwasser garen. Anschließend durch die Kartoffelpresse drücken. 1 guten EL Butter, 1 Prise Kurkuma, etwas Muskatnuss und Salz unterrühren.

Den Rehrücken in einer Pfanne kurz in etwas Butter von allen Seiten anbraten. Im Ofen auf dem Blech max. 5 Minuten garen. Herausnehmen und 6 bis 7 Minuten ruhen lassen. Zum Schluss erst mit grobem Salz würzen.

Für die Sauce den Bratensatz in der Pfanne, in der das Reh angebraten wurde, mit etwa 1 Schnapsglas Madeira ablöschen, ein paar Tropfen Ketjap Manis hinzufügen, reduzieren lassen und etwas kalte Butter unterrühren.

Den Spitzkohl in Streifen schneiden und mit 1 Flocke Butter in einer Pfanne anrösten. Mit Zucker, Salz, Cayennepfeffer, Knoblauchpaste und etwas Muskatnuss kräftig würzen. Weintrauben waschen, trocken tupfen und zum Schluss mit in die Pfanne geben.

Rehfilet mit Kartoffelbrei, Spitzkohl, Weintrauben und Sauce auf einem Teller nach Belieben anrichten.

ENTENBRUST MIT ZWEIERLEI KÜRBIS

ZUTATEN FÜR 2 PERSONEN:

1 Entenbrust (weiblich)
1 kleiner Hokkaidokürbis
etwas Koriander
1 Apfel
1 Bio-Orange
1 Chilischote
etwas Ingwer

AUS DER GRUNDZUTATENLISTE:

kalte Butter
Salz
Zucker
Cayennepfeffer
Knoblauchpaste (siehe S. 27)
Madeira
Ketjap Manis

ZUBEREITUNG

Den Backofen auf 180 °C vorheizen. Die Entenbrust bei mittlerer Hitze auf der Hautseite in einer Pfanne anbraten. Wenn sie goldgelb ist, noch 1 Sekunde auf der Fleischseite braten. Mit 1 Flocke Butter auf ein kleines Blech legen und etwa 5 Minuten im Ofen garen. Den Ofen ausschalten und die Entenbrust bei offener Ofentür mindestens 15 Minuten ruhen lassen.

Den Kürbis waschen und halbieren, das Kerngehäuse entfernen. Einen Teil des Kürbisses in Halbmonde schneiden, den anderen Teil mit dem Gemüsehobel in dünne Streifen hobeln. Koriander waschen, trocken schütteln und hacken. Den Apfel waschen, halbieren, entkernen und in kleine Würfel schneiden. Die Kürbishalbmonde in der Pfanne, in der die Entenbrust angebraten wurde, anbraten und kräftig mit Salz, Zucker, Cayennepfeffer und Knoblauchpaste abschmecken. Etwas Wasser dazugießen, damit die Halbmonde schneller garen. Das Wasser verdampfen lassen. Die Halbmonde nun zum Warmstellen auf das Blech mit der Entenbrust legen.

Den gehobelten Kürbis kräftig mit Zucker, Salz, Cayennepfeffer abschmecken und abgeriebener Orangenschale sowie -saft würzen. Etwas Chili hacken und hinzufügen. Etwas Ingwer darüberreiben. Alles gut mit den Händen vermischen und den Apfel sowie Koriander dazugeben.

Die Pfanne wieder erhitzen und den Bratensatz mit Madeira ablöschen. Einige Tropfen Ketjap Manis hinzufügen und 1 kalten Butterwürfel unterziehen, bis eine sämige Sauce entsteht.

Zum Servieren die gebackenen Kürbisscheiben in die Pfanne geben. Den roh marinierten Kürbis separat oder daneben anrichten. Die Entenbrust entweder längs halbieren oder im Ganzen lassen (siehe Foto), etwas grobes Salz darüberstreuen und nach Belieben mit Zitronenscheiben garnieren.

Entenbrust ist nicht gleich Entenbrust

WUSSTEN SIE, DASS ES DIE WEIBLICHE UND DIE MÄNNLICHE ENTENBRUST GIBT?

Wenn man genau überlegt, natürlich. Aber haben Sie schon mal beim Einkaufen darüber nachgedacht? Ich nicht. Ich hab einfach eine Entenbrust gekauft. Mir wäre auch nie aufgefallen, falls ich sie im Supermarkt abgepackt gekauft habe, ob da weiblich oder männlich draufsteht. Meines Erachtens steht da Entenbrust. Auch auf dem Markt wäre mir das nie in den Sinn gekommen, ich hab einfach eine Entenbrust verlangt, oder zwei oder vier. Vermutlich habe ich nur darauf geachtet, dass sie gleich groß sind. Aber wenn ich ehrlich darüber nachdenke, habe ich das auch nicht getan. Das macht man ja eher, wenn man Schnitzel oder Steaks kauft, dass man sagt, können Sie schauen, dass die Stücke in der gleichen Größe geschnitten werden. Bei Entenbrust habe ich einfach Entenbrust gekauft. Ein Fehler, wie ich nun weiß!

Und wieder etwas, was mich beim Kochen ein gutes Stück weiterbringt, denn Entenbrust ist nicht gleich Entenbrust!

Die weibliche Entenbrust ist viel zarter als die männliche. Wenn man jetzt darüber nachdenkt, ganz klar, meine Brust ist auch viel zarter als die von meinem Mann. Die männliche Entenbrust ist viel größer als die weibliche, aber die weibliche ist viel leckerer. Nicht nur, weil sie zarter ist, sondern auch, weil sie proportional aufs Fleisch gerechnet, viel mehr Fett besitzt, welches das zarte Brustfleisch schützt. Außerdem gibt Fett ja auch den richtigen Geschmack. Wenn man weiß, wie man richtig mit der Entenbrust umgeht, dann ist Entenbrust köstlich. Überhaupt sollte man wissen, wie man richtig mit Brüsten umgeht, nicht nur beim Kochen.

ALSO GUT, WEIBLICHE ENTENBRUST

Ich frage Maria: „Bist du dir sicher, dass ich weibliche Entenbrust ganz einfach kaufen kann?"

Maria: „Klar Elena, jeder gute Geflügelhändler hat weibliche und männliche Entenbrüste."

Ich bin weiterhin skeptisch. Gut, dass Maria das in der Gastronomie bekommt, wenn sie das verlangt, ist klar, weil sie sich damit auskennt und auch die weibliche von der männlichen Entenbrust unterscheiden kann. Aber Maria erkennt auch, wenn sie in ein Fleisch drückt, das sie im Ofen hat, ob es schon durch ist oder wie lange es noch braucht. Ich hingegen vertue mich meistens mit der Garstufe, und das zarte Fleisch kann zur Schuhsohle werden. Letztlich war es bis jetzt bei mir immer ein Roulettespiel, ob mir Fleisch richtig gut gelang. Was ich sehr schade fand, denn ich bin der Ansicht, wenn man Fleisch isst, sollte es etwas Besonderes und ein Genuss sein. Und man sollte achtsam und bedacht mit diesem Lebensmittel umgehen. Maria tut das in jedem Moment, in dem sie kocht.

Das bewundere ich sehr an ihr. Für sie sind Lebensmittel das goldene Material, aus dem sie ihre Kunst erschafft. Sie achtet genau darauf, wo die Ware herkommt, wie sie beschaffen ist und sie wirft auch fast nichts weg. Selbst von bestimmten Gemüsesorten nimmt sie von der Schale bis zu den Blättern alles her, während das bei mir alles im Mülleimer gelandet wäre, weil ich keine Ahnung hatte, dass das auch genießbar ist. Das finde ich ja überhaupt das Spannende bei unserer Zusammenarbeit, dass Maria mir ganz neue Aspekte beibringt.

ABER ZURÜCK ZUR ENTENBRUST

Ich sause zum Geflügelhändler meines Vertrauens auf dem Markt und bin gespannt, was passiert. Und siehe da, er wusste sofort, wovon ich spreche und ich wurde eines Besseren belehrt. Früher hatte ich, wie schon erwähnt, nur gesagt, ich nehme drei kleine Brüste und zwei große und nicht darüber nachgedacht, dass sie sich im Geschlecht – und im Geschmack – unterscheiden. Jetzt bin ich schlauer. Aber jetzt kommt das eigentlich Spannende: Wie bereite ich sie richtig zu?

Maria legt die Entenbrust erst mal nur auf der Fettseite in die heiße Pfanne. Aber die Pfanne nicht zu sehr erhitzen, schon heiß, aber nicht glühend, sodass sich die Entenbrust nicht vor Schreck zusammenzieht und somit nach oben wellt. Dann die Entenbrust einfach in der Pfanne auf der Fettseite schön braten lassen und vor allem in Ruhe lassen. Nicht immer wie ich Schiss haben, dass sie verbrennt. Man muss ein bisschen Vertrauen haben und ein Gefühl dafür bekommen. Kein Fett dazugeben! Es ist genug Fett an der Brust. Wenn die Fettseite schön kross und braun ist, die Brust kurz wenden. Jetzt holen Sie ein kleines Tablett, das in den Ofen darf, legen darauf eine Flocke Butter und einen Rosmarinzweig. Während Sie diese Tätigkeit ausgeführt haben, ist genug Zeit vergangen, daher nehmen Sie jetzt die Entenbrust aus der Pfanne und legen sie mit der Fleischseite auf das Stück Butter mit dem Rosmarinzweig. Und nun ab damit in den Ofen bei 180 °C Heißluft mittlere Schiene. In der Zwischenzeit kann man in der Pfanne noch eine schnelle Sauce ziehen, da darin nun ja genug Entenfett vorhanden ist. Nach acht Minuten schalten Sie den Ofen ab, machen die Tür auf und gießen den Fleischsaft, der sich auf dem Tablett gesammelt hat, in die Sauce. Legen Sie die Entenbrust auf einen separaten Teller, damit sie nicht auf dem heißen Tablett weiterbrät. Das Tablett können Sie mit dem Rosmarinzweig in den abgeschalteten, noch immer heißen Ofen geben, aber die Tür offen lassen. Jetzt kümmern Sie sich einfach um das restliche Gericht, während die weibliche Entenbrust ruht und noch zarter wird.

Übrigens, auch ein Tipp fürs Leben ... Lassen Sie uns Frauen, nachdem wir in Stress gekommen sind, einfach einen Moment in Ruhe und Sie werden sehen, die Entspannung kommt von selbst.

Wenn Sie jetzt die Entenbrust in fünf Millimeter dicke Scheiben aufschneiden, werden Sie sehen, wie herrlich rosa und zart sie innen noch ist, während die Fettkruste schön knackig ist. Über die ganze Brust streuen Sie jetzt grobes Salz, geben den krossen Rosmarinzweig aus dem Ofen dazu und ziehen rund um die Entenbrust mit der Sauce eine Linie. Ein Gedicht! Meine Familie liebt seitdem die Entenbrust, und sie gelingt mir jedes Mal.

„EINE ENTENBRUST MUSS WEIBLICH SEIN. DANN IST SIE SCHÖN ZART UND HAT EINEN GUTEN FETTANTEIL."

BLITZLEBER MIT PFIRSICH

ZUTATEN FÜR 2 PERSONEN:

1 Pfirsich

1 rote Zwiebel

250 g Schweineleber

einige Stiele frischer Majoran

1 frische Chilischote

frisches Weißbrot

AUS DER GRUNDZUTATENLISTE:

Rapsöl

Salz

Zucker

Cayennepfeffer

Knoblauchpaste (siehe S. 27)

dunkler Portwein

ZUBEREITUNG

Den Pfirsich waschen und trocken tupfen. Seitlich schmale, runde Scheiben abschneiden. Den Pfirsich entkernen und das restliche Fruchtfleisch in kleine Würfel schneiden. Die Zwiebel schälen und in Streifen schneiden. Die Leber in dicke Streifen schneiden. Majoran waschen, trocken schütteln und die Blättchen hacken. Die Chilischote putzen, waschen und klein schneiden.

Eine Pfanne mit ein paar Tropfen Öl sehr heiß werden lassen und die Leber darin ganz kurz anbraten. Pfirsichwürfel und Zwiebelstreifen hinzufügen. Mit Salz, Zucker, Cayennepfeffer, Chili und Knoblauchpaste würzen und mit etwas dunklem Portwein ablöschen.

Sofort servieren: Die Pfirsichscheiben auf Teller legen, die Leber mit dem Pfirsich-Zwiebel-Ragout darauf verteilen. Den frischen Majoran darüberstreuen. Dazu Weißbrot servieren.

PODCAST GERICHT

SCHWEINEFILET MIT KARTOFFEL-SENF-RAGOUT

ZUTATEN FÜR 2 PERSONEN:

1 große Kartoffel
1 Schweinefilet (etwa 400 g)
1 TL körniger Senf
100 ml Ayran
1 Bio-Zitrone

AUS DER GRUNDZUTATENLISTE:

Rapsöl
Salz
Butter
weißer Portwein
Sahne
Zucker
Cayennepfeffer
Knoblauchpaste (siehe S. 27)

ZUBEREITUNG

Den Backofen auf 180 °C vorheizen. Die Kartoffel waschen, trocken tupfen und ungeschält in pommesähnliche Stifte schneiden. Mit 3 EL Rapsöl in einer Pfanne goldgelb ausbacken (s. S. 104, 1. Bild). Herausnehmen, auf Küchenpapier abtropfen lassen und salzen. Das Schweinefilet mit 1 Flocke Butter von allen Seiten anbraten. Im Ofen auf dem Blech 6 Minuten weitergaren. Aus dem Ofen nehmen, den Ofen abkühlen lassen und das Schweinefilet wieder hineingeben. In der Restwärme mindestens 15 Minuten ruhen lassen.

In der heißen Pfanne, in der das Schweinefilet angebraten wurde, den Bratensatz mit weißem Portwein ablöschen. Einen kleinen Schuss Sahne dazugeben (s. S. 104, 2. Bild), körnigen Senf unterrühren (s. S. 104, 3. Bild) und den Ayran hinzufügen. Alles kräftig mit Salz, Zucker, Cayennepfeffer und Knoblauchpaste abschmecken (s. S. 105, 4. Bild). Zum Servieren das Schweinefilet in Scheiben schneiden, mit Pommes und Sauce anrichten und mit abgeriebener Zitronenschale bestreuen (s. S. 105, 5. u. 6. Bild).

„EIN KLEINER SCHUSS SAHNE, IHR LIEBEN, HEIßT BEI MARIA EIN HALBER BECHER.“

„BEIM KOCHEN IST MARIA TOTAL IM FLOW, DA DENKT SIE NICHT, SIE MACHT NUR UND IST GANZ BEI SICH SELBST."

1.

2.

3.

4.

5.

6.

Endlich Fisch, oh nein!

Bis jetzt war Fisch ja für mich oft schwierig.
Fleisch bekomme ich hin, aber Fisch ...

Als Maria nun sagte, wir machen Lachsforellenfilets, dachte ich, na das kann was werden. So wabbelige Forellenfilets. Ist ja gar nicht mein Ding. Und mit Forelle kenne ich mich aus, habe ich doch einen Mann, der passionierter Angler ist und der ständig Forellen nach Hause bringt. Und jedes Mal muss ich sagen, nein, für mich heute keinen Fisch, danke.

„Aber ich brat ihn dir schnell ab, im Ganzen."

„Eben genau das nicht!"

„Soll ich dir schöne Filets rauslösen?"

„Nein, bitte auch nicht. Danke, ich habe heute keinen Appetit auf Fisch."

„Aber das ist so lecker! Eine frische Forelle! Und frischer kriegst du sie echt nicht."

„Ich weiß, das ist wirklich ganz toll von dir, aber mich gelüstet heute nicht nach Fisch."

Tja, und dann hängt der Haussegen schief, der Angler ist als Jäger in seiner Männlichkeit gekränkt, ich habe einen leeren Magen und der Tag ist dann gelaufen.

Und jetzt kommt auch noch Maria mit dem Fisch um die Ecke. Gut, ich wusste, irgendwann wird der Moment kommen, an dem wir an Fisch nicht mehr vorbeikommen, aber dann auch noch ausgerechnet Forelle. Nun, ich hätte mir ja auch denken können, dass unser erster gemeinsamer Fisch die Forelle ist, da Maria ja gerne – und es ist ihr ja auch sehr wichtig – mit heimischen Produkten kocht, mit Lebensmitteln aus der Region und saisonal verankert.

Gut! Also Fisch heute!

Innerlich ziehe ich mich kurz aus dem Geschehen und denke über ein gutes Schnitzel nach, während Maria die Pfanne schon mal auf die heiße Flamme gestellt hat.

„Elena, komm mal her! Ich zeig dir jetzt, wie man Fisch richtig lecker zubereiten kann."

Ich zucke innerlich zusammen. Hat sie meine Abneigung gespürt? Ich schiebe meine Schnitzelbilder zu Seite und pirsche mich an den Herd.

„So, schau. Jetzt ist die Pfanne schön heiß, jetzt dreh ich die Hitze ein bisschen zurück und lege den Fisch ohne was, also ohne Öl oder dergleichen, mit der Hautseite nach unten in die Pfanne. Wichtig ist jetzt, gar nichts machen erst mal."

„Oh nein, Maria, nicht dass es verbrennt!"

Aber ich wurde eines Besseren belehrt. Und das war auch hier eine Offenbarung für mich: Du lässt den Fisch, nachdem du ihn etwas schärfer, aber nicht mit voller Hitze angebraten hast, auf der Hautseite liegen und stellst den Herd auf so zwischen 3 und 5 bei Induktion, bei Gas auf schwache bis mittlere Hitze und bei Elektro auf circa 5. Das muss man lernen, da muss man ein Gefühl dafür kriegen, sich trauen und schauen, wie es mit der Hitze beim eigenen Herd beschaffen ist. Übung macht den Meister. Fakt ist, Maria brät den Fisch etwas stärker an, ohne Fett, dann stellt sie die Hitze schwächer und tut eine Flocke Butter dazu, immer nach Gefühl. Dann hebt sie den Fisch ganz leicht vom Boden an, sodass sich die Butter verteilen kann und legt ihn dann wieder ab. Und jetzt lässt sie ihn braten und schaut einfach nur von der Seite auf die Schnittseite des Filets. Und siehe da, auch ich sehe es, der Fisch wird ganz langsam durchgebraten und die Haut wird immer knuspriger. Jetzt kommt natürlich eine zweite Flocke Butter in die Pfanne ... Ich liebe den Ausdruck Flocke, es wirkt so leicht, aber denkt daran, wieviel eine Flocke bei Maria und mir ist ...!

Die Butter wird jetzt schön zur Nussbutter und damit bekommt der Fisch noch einmal eine ganz besondere Note.

Erst ganz zum Schluss, quasi eine Minute vorm Servieren, wendet Maria den Fisch, sodass der letzte Rest des zarten Filets auch angebraten wird und legt ihn dann mit der Hautseite nach oben auf den Teller. Jetzt erst nimmt sie das Salz und gibt es in einer Linie schön aufs Filet.

Ich sage euch, die Haut ist so kross, dass du süchtig danach werden könntest und das Filet schmilzt in deinem Mund.

Ab jetzt wird Fisch gegessen.

„Maria, das gibt's doch nicht. Wie kann das nur so lecker sein? Nie hätte ich den Fisch die ganze Zeit auf der Hautseite gelassen, weil ich Angst hätte, die Haut verbrennt."

„Weißt du Elena, genau da ist der Fehler. Weil die Haut hält am meisten Hitze aus, auch bei uns am Körper. Sie schützt unser zartes Fleisch da drunter. Das heißt, in dem Moment, wo du den Fisch auf der Hautseite lässt, wird sein Fleisch geschützt und kann schonend und entspannt zart durchziehen. Die Haut wird dabei kross und genießbar."

„Das heißt, das ist der Trick beim Fischbraten."

„Ich weiß nicht, ob es ein Trick ist, Elena, aber so gelingt er dir immer."

PODCAST GERICHT

GEBRATENE LACHSFORELLE AN KOHLRABI-KARTOFFEL-RAGOUT

ZUTATEN FÜR 2 PERSONEN:

1 kleiner Kohlrabi
5 kleine Kartoffeln
Kurkumapulver
400 g Lachsforelle
20 g Thymian
1 Limette
1 Studentenblume (Deko)

AUS DER GRUNDZUTATENLISTE:

Salz
Butter
Olivenöl
Cayennepfeffer
Zucker
Knoblauchpaste (siehe S. 27)
Sahne
Rapsöl

ZUBEREITUNG

Für das Ragout den Kohlrabi putzen, schälen und halbieren. Eine Hälfte in Dreiecke schneiden, die andere Hälfte in Würfel. Die Kohlrabidreiecke kurz in kochendem Salzwasser blanchieren, danach beiseitestellen.

Die Kartoffeln waschen, ungeschält in Würfel schneiden und zusammen mit den Kohlrabiwürfeln in einem Topf kurz mit Butter anbraten. Salz, Cayennepfeffer, Zucker und Knoblauchpaste hinzufügen und leicht anrösten. Anschließend 1 Msp. Kurkuma, 50 g Sahne und 20 g Butter dazugeben und alles kurz aufkochen. Danach den Topf beiseitestellen.

Den blanchierten Kohlrabi kurz in der Pfanne anbraten und mit Kurkuma verfeinern.

Eine zweite Pfanne erhitzen, Öl hineingeben und den Fisch auf der Hautseite bei kleiner Hitze garen lassen. Erst kurz vor dem Servieren den Fisch auf der Fleischseite anbraten.

Thymian waschen, trocken schütteln und klein schneiden. Kohlrabi-Kartoffel-Ragout auf einen Teller geben, mit frischem Thymian bestreuen, angebratenen Kohlrabi dazugeben und den Fisch daraufsetzen. Mit Limettensaft beträufeln und mit der Studentenblume garnieren.

ZUTATEN FÜR MARIAS VARIANTE „GEBRATENE LACHSFORELLE“ AUF S. 112

MARIAS VARIANTE ZU DEM PODCAST-REZEPT

„FORELLE AUF DER HAUT ANBRATEN,
DANN DIE PFANNE RUNTERSTELLEN.
SO GART DER FISCH VON UNTEN NACH OBEN.
DAS GEHT SANFTER UND MAN KANN
DIE TEMPERATUR BESSER KONTROLLIEREN."

GEBRATENE LACHSFORELLE MIT ROTER UND GELBER BETE

ZUTATEN FÜR 2 PERSONEN:

100 g grüne Bohnen

100 g saure Sahne

½ rote Zwiebel

1 kleine Rote Bete

1 kleine Gelbe Bete

300 g Lachsforellenfilet

Mehl

AUS DER GRUNDZUTATENLISTE:

Salz

Zucker

Knoblauchpaste (siehe S. 27)

Butter

Cayennepfeffer

weißer Portwein

ZUBEREITUNG

Die grünen Bohnen putzen und kurz in kochendem Salzwasser blanchieren. In kaltem Wasser abschrecken, damit die Farbe erhalten bleibt. Saure Sahne mit etwas Salz und einem Hauch Zucker sowie wenig Knoblauchpaste abschmecken und beiseitestellen. Zwiebel schälen und in kleine Würfel schneiden. Die Bete putzen und waschen. Die Rote Bete in dünne Scheiben und die Gelbe Bete in dünne Stifte schneiden.

Die Forellenfilets auf der Hautseite mit Mehl bestäuben, überschüssiges Mehl abklopfen. Die Fischfilets mit 1 Flocke Butter auf der Hautseite in einer Pfanne braten. Die Gelbe Bete mit Salz, Zucker, Cayennepfeffer sowie etwas Portwein marinieren. Die Rote Bete zusammen mit den Zwiebeln in einer Pfanne anrösten. Etwas Salz und Cayennepfeffer hinzufügen und mit etwas weißem Portwein ablöschen.

Die Rote-Bete-Scheiben auf einem Teller arrangieren, ebenso die grünen Bohnen und den Gelbe-Bete-Salat. Die saure Sahne in Form von Nocken danebensetzen. Die gebratenen Forellenfilets mit der knusprigen Hautseite nach oben in der Mitte anrichten und grobes Salz darüberstreuen. Für die Optik, aber auch den Geschmack noch einige Spritzer Rote-Bete-Sud auf den Teller spritzen.

SCHWEINEKOTELETT MIT MÖHREN

ZUTATEN FÜR 2 PERSONEN:

30 g Petersilie
30 g Tilsiter
40 g geröstete Walnüsse
70 g saure Sahne
2 Schweinekoteletts
3 Möhren

AUS DER GRUNDZUTATENLISTE:

Olivenöl
Zucker
Salz
Cayennepfeffer
Knoblauchpaste (siehe S. 27)
Butter

ZUBEREITUNG

Petersilie waschen, trocken schütteln und hacken. Mit etwas Öl, einem Stück Käse und den Walnüssen zu einem Pesto mixen.

Die saure Sahne mit Zucker, Salz, Cayennepfeffer und Knoblauchpaste würzen und in ein Schälchen füllen.

Den Backofen auf 180 °C vorheizen. Die Schweinekoteletts mit 1 Flocke Butter ganz kurz von allen Seiten goldbraun anbraten. 5 Minuten auf dem Blech im Ofen weitergaren. Herausnehmen, den Ofen abkühlen lassen und die Koteletts in der Restwärme des Ofens 15 Minuten ruhen lassen.

Die Möhren putzen, waschen und ungeschält mit dem Sparschäler der Länge nach in Streifen hobeln. In der benutzten Pfanne kurz anbraten und mit Zucker, Salz, Cayennepfeffer und Knoblauchpaste kräftig würzen. Das Pesto nach Belieben darüber verteilen. Den restlichen Käse in Spänen darüberhobeln. Mit dem Kotelett und der sauren Sahne anrichten.

Nimm die Pfanne vom Herd!

Manchmal sind es die kleinen Dinge, die das Leben erleichtern, auf die man nie gekommen wäre, weil sie so profan klingen, sodass man sie ausblendet beziehungsweise das Gehirn sie gar nicht erst einblendet.

„Nimm die Pfanne vom Herd!"

„Hä?"

„Nimm die Pfanne vom Herd!"

Ich verstand nur Bahnhof. Krampfhaft hielt ich mit der linken Hand den Stiel der Pfanne, während ich mit der rechten vergeblich versuchte, den Schneebesen so schnell zu schwingen, dass die Mehlschwitze nicht noch mehr zu klumpen begann. Mir brach der Schweiß aus. Der Pfannenboden fing schon an, sich dunkel zu färben. Da hörte ich Marias Stimme wie aus weiter Ferne und doch stand sie direkt neben mir:

„Nimm die Pfanne vom Herd!"

Ich war so in mir selbst gefangen, dass ich sie für einen Moment gar nicht wahrgenommen hatte. Ich wollte ihr doch zeigen, wie gut ich Mehlschwitze kann und dann hatte ich entweder zu viel Mehl oder zu wenig Butter genommen. Wie auch immer, die Katastrophe bahnte sich an.

„Wie soll ich sie denn vom Herd nehmen?", rief ich fast hysterisch.

„Na, zieh sie weg, zieh sie einfach vom Herd."

Zieh die Pfanne weg. So einfach. Sie hatte recht. Einfach wegziehen von der Hitzequelle. Gar nicht erst nach dem Ausschaltknopf oder gar panisch auf dem Touchscreen herumdrücken, wo dann alles piept und plötzlich alle Flammen rundherum aus sind, weil sie sich auf Error schalten. Nein! Einfach die Pfanne wegziehen!

Ich betone das oft, weil es so einfach ist. Es erleichtert dein Kochleben, es ist eine Offenbarung, quasi als wenn dir ein Licht aufgeht. „Zieh die verdammte Scheißpfanne von der Hitze!“ Plötzlich ist alles klar, plötzlich wird alles einfach. Nie wieder misslungene Mehlschwitzen. Nie wieder verbrannte Töpfe. Und das alles nur, weil: „Zieh die Pfanne vom Herd!“

Das alles schoss mir in dem Moment durch den Kopf. Immer noch hielt ich die Pfanne verkrampft über der Hitze und schwang den Schneebesen im Turbomodus. Wenn du circa dreißig Jahre lang nie die Pfanne vom Herd gezogen hast, wenn sie zu heiß wurde, sondern im Gegenteil du noch extra geschaut hast, dass sie sich immer genau über der Hitzequelle befand, dann ...

In dem Moment wurde mir der Stiel der Pfanne entzogen, meine verkrampften Finger gelöst und das Zepter und die Herrschaft über die Pfanne von Maria übernommen. Souverän, ich möchte sagen, fast lautlos zog sie die Pfanne vom Herd. Ich starrte sie an. So einfach war das?

„Ja, so einfach ist das“,
sagte Maria, als ob sie meine stumme Frage gehört hätte.

„DAS MOTTO BEI MARIA IST: AUCH WENN 10 MINUTEN NICHTS PASSIERT, DIE PFANNE, DIE IST HEIß."

„Weißt du, Elena, da bist du nicht die Einzige und vermutlich unterscheidet das den gelernten Koch vom Hobbykoch. Ich würde immer als Erstes die Pfanne vom Herd nehmen, wenn etwas zu heiß wird. Klingt so einfach und ist auch einfach. Ich habe in meiner Laufbahn immer wieder festgestellt, dass der Hobbykoch das erst lernen und verinnerlichen muss."

Während sie das sagte, hatte sie ganz nebenbei eine wunderbare Mehlschwitze in der Pfanne zusammengerührt ...

Und ich sage euch, ihr Lieben, seitdem übe ich, ich bin noch nicht perfekt, aber ich werde besser, auch wenn sich meine Hand manchmal noch verkrampft. Ich schaffe es, die Pfanne bei zu großer Hitze vom Herd zu ziehen.

Und das sind die Dinge, die das Kochen leichter machen, die geradezu eine Leichtigkeit reinbringen.

„NIMM DIE PFANNE VOM HERD!"

Danke Maria!

Ich muss sie unbedingt fragen, ob sie einen Tipp für meine Aioli hat, bevor sie gerinnt, denn da verkrampfen meine Finger auch immer am Rührgerät.

FJORDFORELLE MIT KARTOFFEL-FENCHEL-RAGOUT

ZUTATEN FÜR 2 PERSONEN:

2 große Kartoffeln
1 Fenchelknolle
100 g Petersilie
350 g Fjordforellenfilet
Mehl
2 EL körniger Senf

AUS DER GRUNDZUTATENLISTE:

Butter
Salz
Zucker
Cayennepfeffer
Knoblauchpaste (siehe S. 27)
weißer Portwein
Ketjap Manis

ZUBEREITUNG

Die Kartoffeln schälen und in kleine Würfel schneiden. Die Fenchelknolle putzen und mit dem Gemüsehobel längs in dünne Streifen hobeln. Petersilie waschen, trocken schütteln und hacken. Das Forellenfilet auf der Hautseite mit Mehl bestäuben, überschüssiges Mehl abklopfen.

Das Fischfilet bei mittlerer Hitze auf der Hautseite in etwas Butter braten. Die Kartoffelwürfel in einer separaten Pfanne mit etwas Butter braten. Um den Garvorgang zu beschleunigen, etwas Wasser dazugießen und warten, bis dieses verdunstet ist. Falls nötig, 1 Flocke Butter hinzufügen und die Fenchelscheiben dazugeben. Alles kräftig mit Salz, Zucker, Cayennepfeffer und Knoblauchpaste abschmecken.

Wenn der Fisch gegart ist, aus der Pfanne nehmen, etwas salzen und beiseitestellen. Danach die Fischpfanne mit weißem Portwein ablöschen und die Temperatur sehr hoch schalten. Den körnigen Senf dazugeben, mit etwas Salz, Zucker, Cayennepfeffer und Knoblauchpaste würzen. Die Temperatur herunterschalten und einen kalten Butterwürfel unterziehen, bis eine sämige Sauce entsteht.

Nun das Kartoffel-Fenchel-Ragout anrichten, die Forelle dazu arrangieren, die Senfsauce darüberträufeln und ein paar Tropfen Ketjap Manis als Dekoration auf den Teller sprenkeln.

Berühr mich!

Interessant ist doch, dass man sich oft vor Lebensmittel fürchtet. Also das sollte ich jetzt vielleicht richtig erklären.

Natürlich nicht fürchten im herkömmlichen Sinne. Ich rede nun beispielweise von der Zubereitungsart für Zweierlei vom Kürbis.

Früher habe ich gedacht, oh Gott, Kürbis, was mache ich mit dem dicken Trumm. Dass man daraus verschiedene leichte Gerichte machen kann, kam mir gar nicht in den Sinn. Maria hingegen verwendet oftmals ein Gemüse als Beilage auf zwei Arten. Was ich total spannend finde, und auf die Idee wäre ich vorher nie gekommen. Deshalb braucht man oft gar nicht so viele verschiedene Beilagen, sondern wenn man eine Beilage auf zwei Arten kreiert, reizt das mindestens genauso die Sinnesorgane und die Geschmacksnerven. Ja es führt sogar meistens zu einem noch größeren Aha-Erlebnis. Ich schwöre Ihnen, wenn Sie Gäste haben, werden sie über die zwei Zubereitungsarten in Staunen versetzt und darüber diskutieren, denn es regt die Fantasie an. Eine Zubereitungsart kennt jeder, aber zwei Versionen in einem Gericht ist für viele originell und erst mal nicht das Naheliegendste. Das kennt man ja selber auch vom Essengehen, wenn da steht Zweierlei oder gar Dreierlei vom …, ist man überrascht, neugierig und wartet gespannt auf das Gericht – oder bestellt es gar extra, weil man dieses Gericht unbedingt probieren möchte.

„NUR WER MIT DEN HÄNDEN ARBEITET, KANN DAS PRODUKT SO RICHTIG SPÜREN."

BEISPIEL NUN, WIE GESAGT: ZWEIERLEI VOM KÜRBIS

Die eine Hälfte des Kürbisses wird in Mondsicheln geschnitten und diese werden auf beiden Seiten angebraten, bis sie gar sind. Die andere Hälfte wird als schmackhafter Rohkostsalat gereicht. Hierfür wird der Kürbis mit einem Sparschäler in dünne Streifen gehobelt. So, und hier kommen jetzt die Hände ins Spiel. Wenn man dann nach Gabe von Salz, Zucker und einer Prise Cayennepfeffer ein bisschen Olivenöl, Limettensaft und diesmal vielleicht gehackten Koriander und Petersilie hinzugefügt hat, mengt man diese Mischung mit bloßen Händen gut durch. Man bricht damit die Struktur des Kürbisfruchtfleischs auf, lässt es ein bisschen ziehen, wodurch der Kürbissalat weich wird.

Maria sagt, dass es unbedingt nötig ist, viel mit den Händen zu arbeiten, weil du dann das Produkt richtig spürst. Wenn man ein Profi ist wie sie, weißt du auch, wie fest man die Hände zum Einsatz bringen kann. Aber wir werden das auch lernen, ganz bestimmt. Sie mengt alles so lange durch

und bricht die Konsistenz, bis sie weiß, dass es nachher gut schmecken wird. Bei zarteren Gemüsesorten, die man zerquetschen könnte, wo es auch nicht nötig ist, die Struktur zu brechen, benutzt sie ihre Finger als Fächer und mischt das Gemüse nur leicht durch. Sie entscheidet von Fall zu Fall. Wenn man es kaum berühren darf und nur leicht untermengen soll, nimmt sie auch einen Löffel. Aber ansonsten arbeitet sie gerne mit den Händen.

Sie fasst natürlich im Gegensatz zur mir auch das Gemüse in der heißen Pfanne mit den Fingern an, weil sie prüfen will, ob die Garstufe erreicht ist. Klar, das können wir möglicherweise nicht, aber wir können die Pfanne vom Herd ziehen, wie das geht, steht im Kapitel „Nimm die Pfanne vom Herd!" (siehe S. 116), unterbrechen so den Garprozess, nehmen ein Stück Kürbis heraus, pusten, bis es kalt genug ist, probieren in aller Ruhe, und wenn es noch nicht gar ist, stellen wir einfach die Pfanne zurück auf den Herd.

Ich sage Ihnen etwas, das klingt jetzt so einfach, ist es aber in Wahrheit in keinster Weise.

Weil wir doch bis jetzt, und da schließe ich Sie in das Wir einfach mit ein, die Pfanne gar nicht runternehmen vom Herd, sondern umständlich ein Stück Kürbis mit der Gabel aus der Pfanne rausfischen, das Kürbisstück fällt uns dann runter, wir heben es auf, pusten hysterisch, weil wir wissen, der restliche Kürbis brät weiter in der Pfanne und wird weicher und weicher, wir haben aber noch nicht probiert, ob er gar genug ist. Also schlingen wir das immer noch viel zu heiße Kürbisstück herunter, verbrennen uns dabei den Schlund, können nun gar nichts mehr schmecken, laufen zum Wasserhahn und trinken schnell einen Schluck Wasser, um die Verbrennungsschmerzen zu lindern. Da fällt unser Blick auf den Kürbis in der Pfanne und wir wissen, jetzt ist er zu weich. Weiches Labbergemüse. Dann müssen Sie umdisponieren und sich für Kürbispüree entscheiden. Sie sehen, kein Meister ist vom Himmel gefallen.

WER BRAUCHT SCHON EINEN DECKEL, WENN ER EINE PFANNE HAT? ELENAS CREDO AB JETZT: DECKEL WEG!

Einfache Dinge, wie die Pfanne vom Herd nehmen und Hände einsetzen, bedürfen einer längeren Übungsphase, weil es zwar so einfach ist, aber bisher meistens nicht praktiziert wurde.

Bei Maria ist das anders, sie hat es gelernt und hat es im Blut. Das finde ich faszinierend. Alles sieht so einfach aus und ist logisch. Überhaupt ist Maria sehr logisch und praktisch veranlagt. Wenn sie Wasser aufstellt, das sie zum Kochen bringen muss, nimmt sie, damit es schneller kocht, keinen Deckel, sondern einfach die Pfanne, die sie nachher sowieso braucht. Dreck vermeiden und praktisch denken. Klar, leuchtet mir sofort ein.

Und wie oft wusste ich nicht, wohin mit dem Deckel, der dann tropfend in die Spüle gelegt wird, wo man doch eigentlich das heiße Wasser abgießen müsste, also lieber nebenan auf die Arbeitsfläche, wo man doch eigentlich schneiden wollte. Also gut, legt man ihn halt doch neben den Topf auf den freien Platz, aber das mag der Induktionsherd nicht, der fängt nun an zu piepen und nichts geht mehr. Also Deckel weg! Im Schrank sind die Deckel doch auch nur im Weg. Man kann die Töpfe nicht mehr übereinanderstapeln und wenn man sie in eine Schublade gibt, kriegt man die Schublade nicht mehr zu, geschweige denn auf. Umständlich versucht man dann mit den Fingern, den eingeklemmten Deckel in der Schublade frei zu bekommen und klemmt sich die ganze Hand ein, während das Nudelwasser überläuft und das Handy klingelt. Horrorszenarium! Deckel weg!

Gut, ich gebe zu, ich bin vom Thema abgekommen, aber es gibt ja so viele wichtige, ich würde sogar sagen lebenswichtige und lebenserleichternde Dinge in der Küche zu besprechen ...

Aber um den Bogen zu schließen: Durch die eingeklemmte Hand in der Deckelschublade ist der Einsatz der Finger im Zweierlei vom Kürbis schwierig. Also Deckel weg!

ENTRECÔTE MIT KARTOFFEL-PILZ-RAGOUT

ZUTATEN FÜR 2 PERSONEN:

5 kleine Kartoffeln

5 braune Champignons

2 Kräuterseitlinge

etwas Petersilie

350 g Entrecôte

20 g Honig

AUS DER GRUNDZUTATENLISTE:

Salz

Rapsöl

Butter

Zucker

Cayennepfeffer

Knoblauchpaste (siehe S. 27)

dunkler Portwein

Ketjap Manis

ZUBEREITUNG

Die Kartoffeln waschen, halbieren und einige Minuten in Salzwasser garen, bis sie weich sind. Pilze putzen, Champignons in Würfel schneiden, Kräuterseitlinge längs in Streifen schneiden. Petersilie waschen, trocken schütteln und hacken.

Den Backofen auf 180 °C vorheizen. Entrecôte bei großer Hitze mit wenig Öl in einer Pfanne von jeder Seite 1 bis 2 Minuten anbraten. Nun auf ein Blech legen, 1 Flocke Butter dazugeben und 8 Minuten im Ofen garen. Das Entrecôte herausnehmen, den Ofen 5 Minuten bei offener Tür abkühlen lassen, dann das Entrecôte in der Restwärme im ausgeschalteten Ofen ruhen lassen.

In der gleichen Pfanne die Pilze goldgelb anbraten und mit Zucker, Salz und Cayennepfeffer kräftig abschmecken. Die Kartoffeln hinzufügen und mit anbraten. Etwas Honig darübergeben. Für eine Sauce eine separate Pfanne erhitzen, einen Schluck Portwein hineingeben sowie einen Tropfen Ketjap Manis und etwas Knoblauchpaste hinzufügen. Nun etwas kalte Butter unterziehen, bis eine homogene Sauce entsteht. Von der Herdplatte ziehen und nochmals umrühren.

Das Entrecôte in der Pfanne mit dem Kartoffel-Pilz-Ragout anrichten, etwas Sauce darübergeben.

Röstaromen

Trauen Sie sich auch mal, Sachen in der Pfanne scharf anzubraten!

Erst die Röstaromen verleihen so manchem Gemüse seinen Geschmack. Nicht immer hektisch zur Pfanne laufen und denken, es brennt an, es brennt an, es brennt an! Manchmal müssen die Sachen auch erst kurz am Boden ansetzen, bevor sich die Poren schließen. Wenn Gebratenes Geschmack haben soll, dann muss es auch gebraten werden, also wirklich anbraten!

Gerade auch Gemüse wirklich anbraten. Die wirklich langweilige Zucchini beispielsweise muss scharf angebraten werden, sonst schmeckt sie nach gar nichts und wird labbrig. Auch der Kohlrabi entfaltet erst nach dem Anbraten seine feine Süße, und denken Sie daran, Champignons müssen zu singen beginnen, bevor Sie Fett dazugeben, ansonsten verlieren sie Wasser und Sie haben eine Champignonsuppe anstatt gebratene Champignons.

Röstaromen sind das A und O in der guten Küche, das musste ich auch erst lernen. Scheuen Sie sich auch nicht vor ein bisschen Qualm, kochen und braten kann man nur mit Hitze! Je nachdem welche Zubereitungsart man wählt, muss man lernen, die Garquelle richtig einzusetzen.

Klar können Sie auch ganz ohne Feuerquelle und Hitze garen, beispielsweise bei Ceviche. Dabei wird Fisch und Gemüse durch Limettensaft gegart, aber da brauchen Sie halt wirklich viel Limettensaft zum Garen, da reicht nicht ein Schnitz Limette. Nein, da brauchen Sie richtig viel Saft, in dem der Fisch gar ziehen kann.

Egal, welche Garmethode Sie wählen, setzen Sie diese richtig ein, trauen Sie sich etwas und locken Sie die Aromen aus den Lebensmitteln. Hähnchenhaut schmeckt ja auch nur, wenn sie kross ist. Auch Bratkartoffeln brauchen ihre Hitze, das sagt ja schon der Name. Brat mich – ich bin eine Bratkartoffel!

„ICH BIN ECHT SO 'NE KÖCHIN, ICH BRAUCHE IMMER ALARM AUF DER HERDPLATTE, IMMER EINE OFFENE FLAMME."

GOLDBROILER DE LUXE

ZUTATEN FÜR 2 PERSONEN:

300 ml Rote-Bete-Saft
120 g Couscous
1 Granatapfel
1 gelbe Zucchini
ein paar Zuckerschoten
5 Fingermöhrchen
1 Wachtel

AUS DER GRUNDZUTATENLISTE:

Salz
Cayennepfeffer
Knoblauchpaste (siehe S. 27)
Rapsöl
Butter
Zucker
weißer Portwein

ZUBEREITUNG

Rote-Bete-Saft zum Kochen bringen. 1 Prise Salz, Cayennepfeffer, 1 Msp. Knoblauchpaste und 1 TL Öl dazugeben. Wenn der Saft kocht, zur Seite ziehen und den Couscous hineingeben. Zugedeckt etwa 10 Minuten ziehen lassen.

Währenddessen den Granatapfel halbieren und entkernen. Darauf achten, dass man den Saft des Granatapfels auffängt. Das Gemüse waschen, die Zucchini der Länge nach halbieren. Zuckerschoten und Möhrchen im Ganzen lassen.

Den Backofen auf 150 °C vorheizen. Die Wachtel mit etwas Öl einreiben und von innen und außen kräftig salzen. Ein paar Zuckerschoten und etwas Möhrengrün als Füllung in die Wachtel geben. Die Wachtel mit 1 Flocke Butter auf ein kleines Blech legen. Im Ofen etwa 7 Minuten angaren. Dann die Temperatur auf 200 °C erhöhen und weitere 10 Minuten garen, bis die Wachtel goldgelb ist. Um die Farbe zu intensivieren, kurz vor Schluss nochmals 1 Flocke Butter über die Wachtel geben und mit etwas Zucker bestreuen.

Das Möhren kurz blanchieren und in kaltem Wasser abschrecken. In einer Pfanne bei starker Hitze die Zucchini mit 1 Flocke Butter anbraten. Die blanchierten Möhren und zum Schluss die Zuckerschoten hinzufügen. Alles mit etwas weißem Portwein ablöschen und kräftig würzen.

Den Couscous nun mit den Granatapfelkernen und dem Granatapfelsaft mischen und mit etwas Salz und Cayennepfeffer verfeinern. Couscous in einem Schälchen und Gemüse auf einer Platte anrichten. Die Wachtel mit grobem Salz bestreuen.

KLEIN, ABER FEIN IM GESCHMACK: DIE WACHTEL. SIE IST DER KLEINSTE HÜHNER-VOGEL UND HAT EIN GANZ BESONDERES AROMA.

LACHSFORELLE MIT KURKUMAGRAUPEN UND SCHMORGURKE

ZUTATEN FÜR 2 PERSONEN:

300 g Lachsforelle

½ TL Kurkumapulver

50 g Perlgraupen

1 Bio-Zitrone

1 Salatgurke

30 g Dill

AUS DER GRUNDZUTATENLISTE:

Zucker

Salz

Knoblauchpaste (siehe S. 27)

Rapsöl

Cayennepfeffer

weißer Portwein

ZUBEREITUNG

Forelle mit der Hautseite auf ein Zedernholzbrett legen. Für ein angenehmes Raucharoma das Zedernholzbrett in eine Pfanne legen und bei mittlerer Hitze zugedeckt erhitzen. Jetzt kommt es auf etwas Gefühl an. Der Fisch darf nicht stocken. Für ein optimales Ergebnis den Deckel ab und zu anheben und mit der Hitze spielen.

Nebenbei etwa 1 l Wasser zum Kochen bringen. Kurkuma hineingeben, 1 TL Zucker, 1 gute Prise Salz, 1 TL Knoblauchpaste hinzufügen und die Graupen darin garen. Die Graupen in ein Lochsieb abgießen und zurück in den Topf geben. Mit etwas abgeriebener Zitronenschale und Rapsöl abschmecken.

Die Gurke putzen, waschen und längs halbieren. Die Kerne entfernen und die Gurke in grobe, gleichmäßige Stücke schneiden. Die Gurke in einer Pfanne mit wenig Öl bei großer Hitze anrösten. Erst jetzt mit Zucker, Salz, Cayennepfeffer und Knoblauchpaste kräftig würzen und mit etwas weißem Portwein aufgießen. Den Portwein vollständig einkochen lassen. Die Gurke mit Dill bestreuen und 1 Spritzer Zitronensaft darübergeben.

Den Fisch, die Graupen und die Schmorgurke zusammen servieren.

LAMMHÜFTE MIT MANGOLD UND SCHAFSKÄSE

ZUTATEN FÜR 2 PERSONEN:

1 große Backkartoffel
100 g bunter Mangold
etwas Rosmarin
1 Bio-Zitrone
1 große Lammhüfte
1 EL körniger Senf
80 g Schafskäse in Lake

AUS DER GRUNDZUTATENLISTE:

Salz
Rapsöl
Butter
Zucker
Cayennepfeffer
Muskatnuss
Knoblauchpaste (siehe S. 27)
Madeira

ZUBEREITUNG

Kartoffel schälen und in kleine Würfel, die Mangoldblätter in Streifen und die Stiele in grobe Schnitze schneiden. Die Nadeln von 1 Zweig Rosmarin abzupfen und klein hacken. Mit abgeriebener Zitronenschale und grobem Salz mischen, beiseitestellen.

Den Backofen auf 170 °C vorheizen. Die Lammhüfte bei starker Hitze von allen Seiten mit einem Hauch Öl kurz anbraten. Mit 1 Flocke Butter und 1 Zweig Rosmarin auf ein Blech geben. Nun etwa 6 Minuten im Ofen garen. Danach das Blech herausnehmen, den Ofen etwas abkühlen lassen und das Blech mit der Lammhüfte wieder hineinstellen. Das Lamm in der Restwärme mindestens 15 Minuten ruhen lassen.

In der bereits verwendeten Pfanne die Kartoffelwürfel in etwas Rapsöl goldgelb backen. Auf Küchenpapier legen und mit Salz bestreuen. Den Mangold in die Pfanne geben, 1 Flocke Butter hinzufügen und alles kräftig mit Salz, Zucker, Cayennepfeffer und Muskat abschmecken. Mangoldstiele ebenfalls dazugeben und mit Zitronensaft und Knoblauchpaste verfeinern. Mangold aus der Pfanne nehmen und den Bratensatz mit 1 Schuss Madeira ablöschen. 1 Flocke Butter unterziehen und den Senf einrühren.

Die Kartoffelwürfel mit dem Mangold anrichten und die Lammhüfte darauflegen. Mit dem Rosmarin-Salz-Mix bestreuen. Alles mit der Sauce überziehen und den Käse darüberbröckeln.

ENTE MIT KLÖßEN

ZUTATEN FÜR 4 PERSONEN:

1 Ente (2,5 kg)

3 Äpfel

1 Lauchstange + 3 Möhren

1 kg mehligkochende Kartoffeln

2–3 Eigelb

100 g Kartoffelstärke

80 g grobe Semmelbrösel

100 g Walnüsse

AUS DER GRUNDZUTATENLISTE:

Salz

Cayennepfeffer

Knoblauchpaste (siehe S. 27)

Butter

Zucker

Muskatnuss

Madeira

Ketjap Manis

ZUBEREITUNG

Die Ente außen kräftig salzen und mit Cayennepfeffer einreiben. Die Äpfel waschen, in Viertel schneiden und entkernen. Das Grüne vom Lauch und 1 Möhre in Scheiben schneiden. Kräftig mit Salz, Cayennepfeffer und Knoblauchpaste abschmecken. Alles in die Ente füllen. Den Backofen auf 150 °C vorheizen. Die Ente darin auf einem Blech etwa 1½ Stunden garen. Dabei öfters wenden. Dann die Ofentemperatur auf 200 °C schalten und die Ente mehrfach mit flüssiger Butter begießen. Rösten, bis die gewünschte Farbe erreicht ist. Kurz vor dem Servieren Cayennepfeffer mit Salz mischen und über die Ente streuen.

Für das Gemüse 2 Möhren mit Schale und den Rest vom Lauch längs halbieren. 30 Minuten vor Garzeitende der Ente dazugeben und mitgaren. Mit etwas Salz und Entenfett bestreichen. Für die Klöße die Kartoffeln in der Schale garen und gut ausdämpfen lassen. Pellen und durch eine Kartoffelpresse drücken. Salz, Muskatnuss, Cayennepfeffer, 2 bis 3 Eigelb, 80 g Kartoffelstärke hinzufügen und alles zu einer Masse verarbeiten. Daraus Klöße rollen und in Salzwasser garen.

Für die Sauce Ente und Gemüse aus der Pfanne nehmen. Den restlichen Sud in einen separaten Topf geben und 200 ml Madeira hinzufügen. Alles etwas einkochen lassen. 1 guten Schuss Ketjap Manis hinzufügen, mit Knoblauchpaste abschmecken und mit der restlichen Kartoffelstärke binden. Für die Brösel 100 g Nussbutter (s. S. 32), geröstete Semmelbrösel, Walnüsse und Salz vermischen und über die Klöße geben.

PODCAST GERICHT

KÖNIGSBERGER KLOPSE BACHSTELZENSTYLE

ZUTATEN FÜR 2 PERSONEN:

ein paar festkochende Kartoffeln
Petersilie
1 TL Mehl
1 Bio-Zitrone
1 Handvoll Kapernäpfel
400 Hackfleisch vom Schwein (Thüringer Art)
1 Ei
1 EL Semmelbrösel

AUS DER GRUNDZUTATENLISTE:

Salz
Butter
Sahne
weißer Portwein
Cayennepfeffer
Knoblauchpaste (siehe S. 27)

ZUBEREITUNG

Kartoffeln waschen und in Salzwasser garen, gut ausdämpfen lassen. Petersilie waschen, trocken schütteln und hacken. Für eine Mehlschwitze 1 EL Butter in einem Topf schmelzen lassen, das Mehl hinzufügen und kräftig rühren, sodass keine Klumpen entstehen. Mit etwa 100 g kalter Sahne ablöschen. 1 Schuss Portwein hinzufügen und, falls nötig, etwas Wasser unterrühren. Nun kräftig mit Salz, Cayennepfeffer, Knoblauchpaste und Zitronensaft abschmecken. Die Kapernäpfel halbieren und unterrühren.

Einen Topf mit 1,5 l Wasser, 1 EL Salz, 1 EL Knoblauchpaste und 1 EL Cayennepfeffer zum Kochen bringen. Die Hackmasse mit Ei und Semmelbröseln vermischen und mit Knoblauchpaste, Cayennepfeffer und Salz kräftig abschmecken. Aus der Masse eiskugelgroße Klopse formen und in das siedende, gewürzte Wasser geben. Etwa 10 Minuten gar ziehen lassen.

Die Sauce in eine Schale geben und die Klopse hineingleiten lassen. Die gegarten Kartoffeln halbieren und in etwas Butter goldgelb anbraten. Ebenfalls dazugeben und mit Petersilie bestreuen.

HINWEIS: Im Podcast Folge 14 lässt Maria die Semmelbrösel und die Petersilie weg. Für die Frische macht sie einen grünen Salat dazu. Die Sahne kann bei Schweinehack wegen seines höheren Fettgehalts auch durch Milch ersetzt werden.

Würz mich!

Das Gleiche wie beim Braten gilt beim Würzen.

Aber manchmal braucht man jemanden, wie ich jetzt Maria und Sie vielleicht uns, um zu lernen, wie man richtig würzt und sich dabei auch etwas zu trauen.

Maria würde nicht so weit oben in der Liste der Köche stehen und keine Auszeichnung erhalten haben, wenn sie nicht wüsste, wie man richtig würzt. In der guten Küche und auch in der Haute Cuisine ist es wie ein Schlag ins Gesicht, wenn der Gast am Tisch nachwürzen muss. Stellen Sie sich vor, Sie kaufen ein Bild von einem Künstler und müssen zu Hause erst mal das Bild fertig malen. Bei einem vollendeten Gericht muss man nicht nachwürzen, es ist gewürzt, die Komposition stimmt. Und da Sie und ich ja lernen wollen, auch so ein Kunstwerk auf den Tisch zu bringen, wobei Kunstwerk nicht immer die Haute Cuisine und stundenlanges Kochen bedeutet, müssen wir richtiges Würzen lernen.

In der Einfachheit liegt oft die Kraft.

Bei einem kleinen schmackhaften Gericht, ohne viel Chichi, trennt sich die Spreu vom Weizen. Trauen Sie sich was, würzen Sie! Gehören Sie bitte nicht zu denjenigen, die am Tisch sagen, ich hab's nicht gewürzt und vor allem kein Salz genommen, damit jeder sich selbst entscheiden kann. Hallo, wo kommen wir denn da hin? Sie haben doch gekocht. Sie legen doch auch die Wäsche nach Ihrem Duktus zusammen, und wenn das jemandem nicht passt, soll er doch selber waschen! Klar können Sie mal sagen, heute gibt es kalte Platte und jeder macht, was er will. Sie stellen einfach alles auf den Tisch und jeder bedient sich nach seinem Geschmack. Aber wenn Sie kochen, kochen Sie! Und dann wird gegessen, was auf den Tisch kommt … Es muss halt nur schmecken.

Seit ich mit Maria koche, würze ich – und wie! Und wenn mal was daneben geht … ich lerne noch. Dann sagt man halt, der Koch ist verliebt. Bei der Nudel wusste ich das eh schon, dass man nicht eine Prise Salz ins Wasser gibt, sondern so viel, dass man glaubt, sie schwimmt im Mittelmeer. Auch eine Salzkartoffel muss in Salz gekocht werden und zwar so, dass sie danach auch salzig schmeckt und nicht so, dass man hinterher noch über die dröge Kartoffel Salz streuen muss. Das heißt, wenn Sie denken, da ist jetzt aber schon viel Salz dran, dann verdoppeln Sie Ihre Menge Salz noch. Damit

fangen Sie mal an und Sie werden sehen, auch das ist noch nicht genug. Auch Frikadellen sind ein gutes Beispiel, das rohe Hack braucht Salz und zwar nicht zu knapp. Frikadellen mit Salzkartoffeln und ein gut angebratenes Gemüse ... Daran tasten Sie sich mal ran.

Klar kann man zu viel würzen und es kann mal was schiefgehen, aber denken Sie eher daran, wie oft Ihre Gäste oder Ihre Kinder nachwürzen. Vermutlich öfter als dass sie sagen, das ist aber „gut" gewürzt oder versalzen gar. Also Leinen los! Und die Pfeffermühle und den Salzstreuer vom Tisch verbannt!

Desserts

Das passt sicher noch rein! Schokoladig, fruchtig, cremig – traumhaft süße Wohlfühl-Leckereien als krönender Abschluss.

QUARKSPEISE MIT APRIKOSE

ZUTATEN FÜR 2 PERSONEN:

2 Aprikosen

1 Vanillestange

150 g Quark (40 % Fett)

50 g Ahornsirup

AUS DER GRUNDZUTATENLISTE:

Butter

ZUBEREITUNG

Die Aprikosen waschen, vierteln und entkernen. Die Vanillestange längs halbieren und das Mark herauskratzen. Den Quark mit etwa der Hälfte des Ahornsirups und etwas Vanillemark mischen.

Die Aprikosen mit 1 Flocke Butter in einer Pfanne anrösten, den restlichen Ahornsirup und etwas Vanillemark hinzufügen und warm zu der schlichten Quarkspeise servieren. Superlecker!

PODCAST GERICHT

SCHNELLER APFELKUCHEN

ZUTATEN FÜR 2 PERSONEN:

1 Tasse Mehl

Natron

1 Tasse geröstete Mandelsplitter

1 Tasse geschmolzene Nussbutter

2 Eier

1 Tasse Sprudelwasser

1 Apfel

etwas Zimtpulver

AUS DER GRUNDZUTATENLISTE:

Zucker

ZUBEREITUNG

Das Mehl mit 1 Prise Natron vermischen. ½ Tasse Zucker und die Mandeln dazugeben. Nun die flüssige Nussbutter und die Eier mit einem Schneebesen unterrühren, bis eine homogene Masse entsteht. Sprudelwasser ebenfalls unterrühren. Diese Masse in eine gebutterte und gezuckerte Kuchenform oder auf ein mit Backpapier belegtes Backblech gießen.

Den Backofen auf 180 °C vorheizen. Den Apfel waschen, entkernen und grob in Würfel schneiden, auf dem Teig verteilen. 1 Prise Zimt darüberstreuen und den Kuchen im vorgeheizten Ofen 15 Minuten backen.

SCHOKOWÜRFEL BACHSTELZENSTYLE

ZUTATEN FÜR 4 PERSONEN:

300 g dunkle Schokolade (mind. 65 % Kakao)

3 Eier

3 EL Kakaopulver

AUS DER GRUNDZUTATENLISTE:

Butter

Zucker

ZUBEREITUNG

Schokolade mit 150 g Butter und 200 g Zucker schmelzen lassen. Die Eier dazugeben und alles zu einer homogenen, zähen Masse verrühren.

Den Backofen auf 100 °C vorheizen. Eine Auflaufform mit Backpapier auslegen und die Masse mindestens 2 cm hoch hineingießen. Etwa 1 Stunde im Ofen backen. Anschließend den heißen Kuchen mindestens 5 Stunden im Kühlschrank auskühlen lassen.

Zum Servieren den Kuchen stürzen und in Würfel portionieren. Das Kakaopulver mit einem Sieb darüberstäuben. Die Schokowürfel kalt servieren.

TOPFENKNÖDEL MIT ZWETSCHGEN

ZUTATEN FÜR 4 PERSONEN:

150 g Semmelbrösel

300 g Magerquark (abgetropft)

1 Ei

1 Eigelb

1 Handvoll Zwetschgen

100 g Honig

AUS DER GRUNDZUTATENLISTE:

Butter

Salz

Zucker

ZUBEREITUNG

Den Backofen auf 180 °C vorheizen. Die Semmelbrösel auf einem Backblech wenige Minuten im Ofen rösten. 50 g Butter schmelzen lassen. Den abgetropften Quark mit der Butter, 1 Prise Salz, 1 Ei und 1 Eigelb verrühren. Etwa 100 g Semmelbrösel unterrühren und die Masse in eiskugelgroße Knödel drehen. Etwa 1½ l Wasser zusammen mit 500 g Zucker zum Kochen bringen. Die Knödel in das siedende Wasser geben. Wenn diese oben schwimmen, sind sie fertig.

Die Zwetschgen waschen, halbieren und entkernen. In einer heißen Pfanne mit etwas Butter anbraten, den Honig dazugießen und beiseitestellen. Etwa 100 g Butter in einem separaten Topf zu Nussbutter (s. S. 32) rösten, die restlichen Semmelbrösel hineingeben und 1 TL Zucker unterrühren.

Zum Anrichten die Zwetschgen in Schälchen verteilen, die Knödel daraufsetzen und mit der Bröselbutter übergießen. Nach Belieben mit Pflaumenmarmelade servieren.

PODCAST GERICHT

CRÈME BRÛLÉE

ZUTATEN FÜR 2 PERSONEN:

50 g brauner Zucker

½ Vanilleschote

1 Ei

1 Eigelb

AUS DER GRUNDZUTATENLISTE:

Sahne

ZUBEREITUNG

Den Backofen auf 100 °C vorheizen. 200 g Sahne zusammen mit etwa 20 g Zucker in einen Topf geben. Das Mark der Vanilleschote herauskratzen und hinzufügen. Alles zusammen aufkochen und diese Mischung rasch mit 1 Ei und 1 Eigelb verrühren. Nun in die gewünschten Schälchen füllen.

Die Creme im Ofen etwa 30 und 40 Minuten garen (s. S. 154, 1. Bild). Je nach Füllmenge variiert die Garzeit. Ob die Creme fertig ist, erkennt man daran, ob die Masse gestockt ist, sie also etwas fester als ein Pudding aussieht (s. S. 154, 3. Bild). Nun den restlichen Zucker dünn, aber gleichmäßig auf die Creme streuen (s. S. 154, 4. Bild). Diesen Vorgang nach ein paar Sekunden wiederholen. Jetzt die Creme mit dem Bunsenbrenner bei schwacher Temperatur gleichmäßig abflämmen (s. S. 155, 5. Bild).

HINWEIS: Im Podcast Folge 17 mischt Maria halb Milch, halb Sahne und verwendet weißen Zucker statt braunen. Beide Varianten schmecken himmlisch!

1.

2.

3.

4.

„WER DIE SÜẞE CREME GENIEẞEN WILL, MUSS ERST MAL DIE KARAMELLKRUSTE SO RICHTIG ZUM KNUSPERN BRINGEN!“

5.

BUTTERMILCHPARFAIT

ZUTATEN FÜR 4 PERSONEN:

2 Eier

100 g Buttermilch

Himbeergelee

AUS DER GRUNDZUTATENLISTE:

Zucker

Salz

Sahne

ZUBEREITUNG

100 g Sahne steif schlagen. Die Eier trennen und die Eiweiße zusammen mit 50 g Zucker und 1 Prise Salz steif schlagen. Nun die Eigelbe zusammen mit 20 g Zucker über dem heißen Wasserbad schaumig schlagen. Sobald sich das Volumen verdoppelt hat, die Eigelbmasse auf einem kalten Wasserbad kalt weiterschlagen. Jetzt vorsichtig das Eiweiß, die steif geschlagene Sahne und zum Schluss die Buttermilch unterziehen.

Diese Masse in beliebige Gläser oder Formen abfüllen und im Tiefkühlgerät gefrieren lassen. Zum Servieren etwas Himbeergelee dazu reichen oder einen Klecks obenauf geben.

Outtakes

REGISTER

Kaiserstraße 14 b
D-80801 München

ISBN 978-3-96584-103-1
1. Auflage 2020

Projektleitung: Stella Paschen
Rezepte und Texte: Maria Groß, Elena Uhlig
Interview: Stella Paschen
Redaktionelle Mitarbeit: Franz Jentzsch, Laureen Balz
Lektorat: Edelgard Prinz-Korte
Grafisches Konzept und Gestaltung: Irene Schulz
Illustrationen: Irene Schulz
Fotografie: Adrian Liebau
Foodstyling: Maria Groß
Herstellung: Frank Jansen
Producing: Jan Russok
Druck und Bindung: optimal Media GmbH, Röbel/Müritz

Kurze Wege schonen die Umwelt
Dieses Buch wurde in Deutschland gedruckt

Im Buch enthaltene Fotos können zur eigenen Nutzung erworben werden unter www.stockfood.com

Die ZS Verlag GmbH ist ein Unternehmen der Edel SE & Co. KGaA, Hamburg.
www.zsverlag.de | www.facebook.com/zsverlag